新装版

現代洗脳のカラクリ

99%洗脳された世界で生き残る1%の思考法

苫米地英人
Hideto Tomabechi

JN071439

ビジネス社

はじめに

加速する洗脳社会

私が『洗脳原論』『洗脳護身術』を書いてから16年以上が過ぎようとしています。

当時、同書を書いた理由は「洗脳技術がカルトや悪徳商法業者たちに簡単に手に入る時代となっており、日本人皆が対洗脳の知識を身に付ける必要があると強く感じたから」です。

そのため『洗脳原論』では洗脳の理論を、『洗脳護身術』では洗脳の初歩的技術を明かしました。

日本人の多くが対洗脳の知識と技術を身に付けて、洗脳から自分を守ってほしい。

そう思って書いたのが前掲書なのです。

ところが現在の日本はどうでしょうか?

私にはすっかり洗脳社会と化しているようにしか見えません。

象徴的な例をひとつ挙げれば、人々が増税を容認していることです。

もちろん、私は増税が悪いと言っているわけではありません。必要ならばしなければいけませんが、たとえ理屈でわかっていても喜んで税金を多く納めたいという人が、この世にどれだけいるでしょうか？

できれば少なくしたい。払わないで済むのであれば、払わないでおきたい。

そう思ってしまうのが人間の性《さが》というものです。

であるのに、増税を容認する、あるいは支持する人々がこれほどたくさんいるのはどう考えても異常です。

原発推進にしてもそうです。

仮に、原発推進派であっても「じゃあ、原発をあなたの住む町に建てますか？」と聞けば、誰もいい顔はしないでしょう。原発には大きなリスクがあることは皆わかっているからです。

にもかかわらず、多くの人が原発推進に賛成しています。

そして、何より、おかしいのは、これらを推し進めている政権をかなりの数の国民が支持していることです。

世論調査を見れば、原発反対、増税反対が大多数を占めています。

ところが、選挙のたびに与党が票を伸ばしているのはどういうことでしょうか？

現在の日本は大衆が正しいと思うこと、大衆が望むことがなぜか、現実化しないようなシステムが出来上がっているのです。

「従来どおり、何も変えないことが正しいこと」

「いままでどおりに生きることが結局は安全で現実的な選択なのだ」

こんなふうに思うように仕向けられています。

これを洗脳社会といわずして何を洗脳社会というのでしょうか?

ごく一部の人間たちによる情報操作。

これによって、多くの日本人が本来の思いとは違う行動を、もっとあるはずの選択肢を狭められて意思決定を限定させられているのです。

洗脳の定義

ところで、読者の皆さんは、洗脳をどんなものだと思っていますか?

試しに、広辞苑を開いてみると「新しい思想を繰り返し教え込んで、それまでの思想を改めさせること」と説明されています。

大辞泉によれば「1、共産主義社会における思想改造。2、その人の主義や思想を根本的に改めさせること」となっています。

しかし、実際の洗脳はこんなものではありません。

広義で言えば、「情報によって意図的に他人を操作すること」で、「新しい思想を繰り返し教え込む」ことや、「思想を根本的に改めさせる」などといった、しち面倒臭い行為は必要としません。

要は、「情報によって他人を操作」できれば、すなわちそれは洗脳行為であり、実はこんなことは誰もが日常茶飯やっていることなのです。

例えば、魚屋さんに行けば「今日の魚は新鮮だよ！」という店員さんの言葉によって予定していなかった鮮魚を買うこともあるでしょう。

洋服屋さんでは「お客様、そのお洋服、よくお似合いになります」と言われて気分が良くなり「じゃあ、買うか」と衝動買いすることもあるでしょう。

もっと言えば、会社の同僚や隣近所の人から「◯◯くん、顔色悪いよ」「◯◯ちゃん、キレイになったね」といった言葉によって人の気持ちは簡単に変化し、気分が良くなったり、悪くなったりします。

こういった日常的に交わされる、たわいのない言葉。誰も真に受けないような常套句《じょうとうく》ですら、すでに情報操作なのです。

これは読書や映画鑑賞なども同様です。何かを見たり、聞いたりして心を動かされることは洗脳であり、究極的には、情報に触れることすべてが広義の洗脳なのです。

とはいえ、そうなってしまうと、人間の活動のほとんどすべてが洗脳、あるいは洗脳と関わりあることになってしまいます。

ですから、洗脳は広義ではなく、狭義で、しっかり正確に定義する必要があります。

実は、すでに15年前、『洗脳原論』の中で私は洗脳を狭義で定義しているのですが、まったく理解されていないようなので改めてここに記しておきましょう。

「本人以外の第三者の利益のために意図的に情報操作を加えること」

これが洗脳の正確な定義になります。

ですから、教育は洗脳とはいわないのです。

子供たちは、学校や教師から意図的な情報操作を加えられていますが、その情報を習得することで利益を得ることができるので洗脳にはならないのです。

ところが、原発に賛成するのはどうでしょうか？

政府や有識者、メディアからの「原発を稼働させないとエネルギー不足になってしまう」などといった情報を鵜呑《うの》みにしてしまう人はさすがに本書の読者にはいないでしょうが、中には、「原発の再稼働は自分の利益になるから賛成する」という人もいるでしょう。「それで仕事が貰えるんだから自分の利益になっている」と。

しかし、これこそが洗脳の最たるものなのです。

自分が住む国土を危険にさらすことが果たして自らの利益につながることでしょうか？　自分は良くても家族や子孫という自らの財産を毀損《きそん》することになると気づかないのでしょうか？

その一方で、原発賛成の声が増えれば増えるだけ、原発推進派の政治家や権力者たちの原発利権は維持強化されます。

一般国民が原発に賛成することは自分の利益にならないだけでなく、既得権益者を喜ばせることにつながるのです。

結局、目先の利益に目がくらんで、自分にとっての本当の利益が見えなくなっているのです。

お金の奴隷

実は、現在の洗脳は、この「目先の利益」を巧みに使っています。

なぜ、国民感情と乖離《かいり》したことばかりする与党が選挙では勝つのか？

それは与党が「目先の利益」を国民の目の前にぶらさげるのに長《た》けているからです。

「多少、倫理的に間違っていても、お金が手に入るならばありかな」

そんなふうに考えることが決して不自然ではない世の中になっています。

カジノ法に多くの政治家が賛同していることがいい例です。

日本人は知らず知らずのうちに、すっかりお金の奴隷になっていたのです。

この問題の深刻なところは、日本一国だけの話ではなく、世界中がそうなりつつあるというところです。

パナマ文書およびタックスヘイブンをめぐる世界的な脱税事件や仮想通貨がもてはやされる現象などはその最たるもので、実は本書はこういった事件や事象を受けて書き始めたものでした。

ですから、本当であれば、昨年中にも出版する予定だったのですが、アメリカ大統領選でドナルド・トランプ氏が勝利した直後から、私のもとに多くの疑問や質問が寄せられてきたことで状況が変わりました。

その内容は「ずっとヒラリーの勝利だと思っていました。自分がメディアに洗脳されていたことを痛感しました」や「なぜ、トランプが勝利したのでしょうか？　トランプの洗脳手法を教えてください」「トランプが勝って世界はどうなるんでしょうか？」といったものでした。

これは本書のテーマである洗脳とも深く関わってくるものですから、急遽《きゅうきょ》、序章としてアメリカ大統領選の分析を入れることにしました。

実際、今回の大統領選挙は洗脳を語る上で非常にいいモデルでもありました。

メディアの情報操作という部分でも多くの問題があり、拝金主義という部分でもとても重要なメッセージが隠されていました。

なぜ、トランプ氏がアメリカの一般国民に圧倒的に支持されたのか？

なぜ、メディアにあれだけ後押しされたヒラリー・クリントン氏が負けたのか？

その背景には人間の欲望に通じる、根の深いものが横たわっていたのです。

一言でいえば、人間の煩悩が剝《む》き出しになったのが、今回の大統領選挙でした。

そして、人間の煩悩に働きかけるのが洗脳手法の基本であり、鉄則です。

まずは、昨年のアメリカ大統領選挙を分析しながら現代の洗脳の舞台裏と、からくりを見ていきましょう。

本書は２０１７年2月19日に小社より刊行された書籍の新装版です。
名称や肩書などは刊行時のものを使用しています。

第2章　洗脳は誰が仕掛けているのか？

第3章 洗脳法

特別章 オウム信者の証言

女性信者Sさんの場合

元オウム真理教幹部、野田成人氏の場合

第4章　洗脳とは何か？

第5章　仮想現実となる未来

序章

緊急分析！　2016年のアメリカ大統領選挙

なぜ、米メディアは大衆操作に失敗したのか

アメリカ大統領選挙はテレビ選挙とよく言われます。

この言葉の意味するところは、大手メディアの情報操作によって大統領が決まってしまうことであり、同時に米メディアが近年ずっと国民感情を容易《たやす》く手玉に取って、権力側の支援と自らの利益の上積みを行ってきたことを意味するものでもあるでしょう。

ところが、昨年（2016年）のアメリカ大統領選挙では国民世論の醸成に見事に失敗してしまいました。

なぜ、大手メディアと権力者側が仕掛けた大衆操作が、無残な結果に終わってしまったのでしょうか？

まず、昨年の大統領選挙を振り返ってみると、大手メディアは常に民主党代表候補のヒラリー・クリントン氏の味方でした。その偏向ぶりは党の大統領候補を決める民主党予備選挙のときからすでに顕著でクリントン氏の最大のライバルであったバーニー・サンダース氏などは大手メディアからほとんど無視されていました。クリントン氏とサンダース氏の三大ネットワークの露出量を比べてみると、サンダース氏はなんとクリントン氏の6分の1の時間しかテレビで報道し

てもらえていなかったのです。

また、共和党、民主党の代表がそれぞれ決まり、大統領選がトランプ氏対クリントン氏に決まると、急にトランプ・バッシングが激しくなったことも記憶に新しいでしょう。特にＣＮＮ（Cable News Network）はクリントン支持を露骨に行い、ＳＮＳなどでは「クリントン・ニュース・ネットワーク」などと揶揄《やゆ》されるほどでした。

しかし、結果はトランプ氏の大勝利。

なぜ、アメリカ国民は彼を支持したのでしょうか？

そして、なぜ、アメリカの一般国民はメディアの情報操作に屈することなく、自分の意思を貫くことができたのでしょうか？

実は、ここに現代洗脳の特徴が集約されています。

なぜ、アメリカ国民はトランプ氏を選んだのか？

まず、トランプ氏を選んだ理由は明確です。「メキシコとの国境に万里の長城を築く」など氏の一連のメッセージがアメリカ国民の心をがっちり捉《とら》えたためです。

こういったトランプ氏の発言はアメリカのマスコミのみならず、世界中のメディアが差別的で低俗だと批判しましたが、アメリカの一般市民にはしっかり届きました。

なぜ、そんな言葉に耳を貸すのか、日本に住む私たちにすればとても不思議に思えるでしょうが、アメリカの一般市民には、トランプ氏の言葉こそ、最後の救いだったと言っても過言ではないのです。

そもそも、トランプ氏は本気で国境に壁を作りたかったわけではありません（もしかしたら作りたかったかもしれませんが、彼の真意は壁作りではありません）。

氏の過激な発言の真意は極めてシンプルで「アメリカ国民よ、そろそろ本音を出していこうじゃないか」というものだったのです。

「メキシコとの国境に万里の長城を築く」

この言葉が差別的であり、低俗であることは誰でもわかります。たぶん、発言者のトランプ氏だってわかっているでしょう。

しかし、この言葉にはアメリカに住む人間にとっての真実があるのです。

ここ十数年、アメリカの失業率はずっと上がっています。近年下がっているように見えるのは、職探しを諦《あきら》めた人を統計に加えていないからで、実質の失業率は一度も下がっていないはずです。

こんな状況になった原因のひとつが移民たちの存在です。

メキシコからの移民に職を奪われないよう、壁を築けと言ったトランプ大統領

彼らは低賃金で働くため、アメリカ人労働者は仕事を奪われてしまうのです。

「俺たちはアメリカ人だ。アメリカで生まれ、これからもアメリカに住む。なのに、なぜ、俺たちの仕事を低賃金の移民たちに奪われなければならないのか」

「こんな理不尽な話があるか」

こんな不満が出るのも当然のことでしょう。

さらに自由主義の行き過ぎによって、現在、アメリカ国内から工場や産業が逃げています。アメリカ国内で作るよりも、メキシコやアジアなど、もっと人件費が安い国で作れば、コストがかからないためです。

しかし、そうなるとアメリカの工場労働者たちは職を失うことになってしまいます。

「こんな憂き目に遭うのは、メキシコやアジアの国が低賃金で働くからだ。あいつらがバカな金額で仕事を引き受けるからこんなことになるんだ！」

やはり、不満は募るばかりです。

ところが、メディアはその不満が間違っているというのです。「自由市場こそ最高だ」「人種差別など言語道断」「白人以外の人々にもチャンスを与えるべきだ」といった形で、不満の声をずっと抑え込んできたのです。

もちろん、メディアの主張は正しい面もあるでしょう。人道的に見て、尊重する部分もあるのは確かです。

しかし、白人以外の人々にチャンスを与えることによって自分たちの仕事が奪われ、貧困層に落ちるとなったら、どうでしょうか？

事の善悪など関係なく、「この国は俺たちの国だ。移民は出て行け。自由市場など反対」となるのが人情というものでしょう。

こういう現象を反知性主義などと言う日本の評論家もいますが、そういう話ではないのです。アメリカの一般国民たちは知性がないのではなく、自分の生活、家族の生活を守りたいだけなのです。

衣食足りて礼節を知るということわざどおり、豊かな生活ができて初めて理性は働くのです。トランプ氏はそういった層に対して、「もう我慢しなくていいんだ。この国は白人の国なんだ」というメッセージを与え続けたのです。

人気を博すのも、当たり前だったのです。

なぜ、俺たちだけが我慢しなければいけないのか？

トランプ氏が支持された理由はそれだけではありません。

あまりにひどい所得格差にも我慢の限界が来ていました。

ご存じのように、近年、「アメリカ国民の1％未満の人々が、アメリカの富の99・9％を握っている」といった報道がなされてきました。

中流層が没落して下層階級となる一方、富裕層は超富裕層となり、信じられない金額の年収を得ています。何しろ一昨年のウォール街の平均年収は650億円でした。

ところが、下層階級の人々は健康保険にも入れず、盲腸の手術で600万円もの大金を請求されたり、入院中に貯金が底をついて、近くの公園に放り出される始末。普通のアメリカ国民の生活は、とてもみじめなものになっています。

こういった話を聞いて、「よくこんな生活でアメリカ人は我慢できるな」と思った人も多いのではないでしょうか。

当然ながら、アメリカ国民だって我慢できるはずがないのです。これまで何度も「もうこんな暮らしはまっぴらだ」と言って行動もしていました。

その顕著な例が2011年に始まったオキュパイ・ウォールストリート（ウォール街を占拠せよ）運動でした。しかし、この運動も最初こそ盛り上がったものの、メディアの支持もあまり得られず、結局多くの逮捕者を出して潰《つぶ》されています。

その一方、ウォール街の富裕層は依然として、濡《ぬ》れ手に粟《あわ》のような儲《もう》け方で、ぬくぬくと肥え太っているのです。

「一体この国はどうなっているのか？」

アメリカ人ならずとも思うでしょう。

なぜ、移民に仕事を奪われ、富裕層には搾取され続けなければならないのか？

悪いのは全部、移民と銀行家のせいじゃないか？

しかも、マスコミたちは俺たちのそんな本音すら潰そうとする。

「もうたくさんだ！　差別的だろうと、低俗だろうとかまやしない。銀行家は信用できない！」

「移民よ、出て行け」

アメリカの一般国民の怒りが爆発したのが、昨年の大統領選挙だったのです。

アメリカン・シビル・ウォー

アメリカ史上、本音を抑えつけられた人々の怒りが爆発したのは今回が初めてではありません。アメリカの独立戦争もそうでした。あのときはイギリスの政治介入に対して、ノーを唱えるアメリカ国民が反旗を翻したわけですが、実はもうひとつ大きな出来事があります。

それは1861年に勃発《ぼっぱつ》したアメリカン・シビル・ウォー（南北戦争）です。

日本では奴隷制をめぐってアメリカが南北に分かれて戦争した、と教えていますが、その解釈はちょっと違います。

南北戦争とは、北部州が支配するアメリカ合衆国（ユニオン）から南部11州がアメリカ連合国（コンフェデレート）を名乗って独立しようとした、独立戦争です。

実際、コンフェデレートは赤地に青いバッテンマークを国旗として使っていました。対して北部のユニオンは現在のアメリカ合衆国とほぼ同じデザインの星条旗を使っていました。南北戦争でユニオンが勝ったからいま星条旗が国旗に使われているのです。

ところで、南部のコンフェデレートがなぜ、アメリカから独立しようと考えたのかといえば、北部とは、経済的にも社会的にも思想的にも大きな開きがあったからです。

北部の諸州は工業が盛んでヨーロッパからアイルランド人、イギリス人、ドイツ人などが移住し、大きな労働力となっていました。一方、南部は広大なプランテーションを所有する裕福な白人が、多数の黒人奴隷を使役してヨーロッパに綿花を輸出して富を得ていました。

自国の工業製品の価値を守りたい北部は保護主義を標榜《ひょうぼう》し、経済圏をヨーロッパに拡張したい南部は自由貿易主義をとっていました。

このように南部と北部は、奴隷制度に対する考え方、貿易に関する考え方から社会制度、人種構成まで大きく異なっていたのです。

ファウンディングファーザーズ

南北で異なっていたのは、経済や社会や思想だけではありませんでした。決定的だったのが住んでいる人間が違ったということです。

当時の北部は工業化の進行によって多くのヨーロッパ人が工場労働者として移り住んでいました。北部2200万人の人口のうち、多くがヨーロッパからの移民でした。また、彼らを雇っている工場のオーナーたちにはイギリスの銀行家の資本が入り、アメリカ企業とは言えない状況でした。

一方、南部でプランテーションを行っている白人農場主たちはメイフラワー号に乗って最初にアメリカにやって来た建国者たちの子孫です。ネイティブアメリカンたちを殺し、土地を奪ってきた張本人たちの家族です。事の善悪は置いておいて、自らの手を真っ赤に染めて、土地を切り拓《ひら》いてきたのは間違いなく彼らでした。

歴史的に見れば、イギリスから北部に渡ってきたあとに南部を開拓した彼らこそ、正統なアメリカ人であり、ファウンディングファーザーズ（建国の父）なのです（もちろん、もともとメイフラワー号がやって来たのは北部のマサチューセッツであり、北部にも建国者たちはたくさんいましたが、後のヨーロッパからの移民に対する人口比が圧倒的に違っています）。

そのファウンディングファーザーズがなぜ、あとからやって来た移民たちの意見に従わなければならないのか？

「この国は俺たちのものであり、俺たちの意見にイエス・サーと言って無条件に従うのが北部の役目のはずだ」

これが南部の農場主たちの気持ちだったのです。

問題は奴隷制云々《うんぬん》ではありませんでした。

「なぜ、俺たちが我慢しなければならないのか？」

「この国は俺たちのものじゃないのか？」

この本音があり、この本音を抑えつけられたことで、南部の独立戦争が始まったのです。

そうです。この図式は今回の大統領選挙と同じだったのです。

あとから来た人間のために、もともといた人間が我慢を強いられる。それどころか、自分の利益を収奪されてしまう。

だから、南北戦争のときも、今回も、古くからいるアメリカの白人たちは怒りを爆発させたのです。

要は、トランプ氏対クリントン氏の戦いは、21世紀の南北戦争だったのです。

新参者の勝利

さて、1860年代の南北戦争では北部が勝ちました。

その結果、あとからやって来た移民たちの主張が通り、アメリカ合衆国は移民の国になっていきます。

それはとりもなおさず、「白人以外にもチャンスを与えなさい」「工業化しなさい」「資本主義が国家を近代化します」といった考えが正しいとされる社会が到来したということです。

現在の私たちが見ても、こういった主張は別に悪いものではありません。

しかし、実はこれが洗脳なのです。

なぜならば、南北戦争における最も大きなテーマが抜け落ちているからです。

もう一度思い出してください。南北戦争で北部が主張していたのは、あるいは北部が主張したと現在言われている戦争の理由は、奴隷解放だったはずです。

ところが、現実はどうでしょうか？

南北戦争後、制度としての奴隷制はなくなりましたが、人種差別は根強く残り、法律でも有色人種と白人種を分けるものが多く作られるようになりました。

有色人種の権利が保障されるのは結局、公民権運動が大きくなり、キング牧師が暗殺されたあとの１９６４年の公民権法が制定されるまでかかるのです。

南北戦争が終わったのは１８６５年ですから、なんとほぼ１００年、人種差別は放ったらかしにされていたのです。

これが南北戦争の真実です。

このシビル・ウォーは、奴隷制をめぐる戦いではなく、本音は建国者たち対新参者の陣取り合戦だったのです。

勝った北部の新参者たちは、南部のファウンディングファーザーズたちが持っていた既得権を奪取、アメリカの横取りに成功したのでした。

移民とは何か？

ところで、多くの日本人が勘違いしているのが移民のことです。東洋人の私たちにとって移民とはヒスパニック系や黒人、中国人や韓国人や日本人といった感覚ではないでしょうか？

しかし、アメリカの一般国民にとっての移民は少し違います。確かに、いま例に挙げたような人々を移民とは言いますが、もうひとつ、大きなところが抜けています。

何が抜けているのかは、ドナルド・トランプ氏の大統領選挙中のキャンペーンを見ればわかるでしょう。

彼が攻撃の対象としたのは、前述したメキシコ人などのヒスパニックや黒人、中国人や日本人など東洋人といった人々に加えて、もうひとつ、銀行家でした。

アメリカの一般国民にとって銀行家も移民と同列扱いだということを理解しないと、トランプ氏の勝利の秘密は見えてこないのです。

銀行家までが移民であり、新参者というくくりであることがわかると、なぜ、トランプ氏が一般国民から支持されたかがやっと見えてきます。

何しろ、近年のアメリカは、ウォールストリートを舞台にした金融市場が大きな力を持っており、富の99・9％は彼らが握っています。

つまり、銀行系の人たちによる富の独占が格差社会を生み出し、アメリカの一般国民を貧困に叩《たた》き込んでいたのです。

かつてのアメリカは工業化を推し進め、白人だけでなく有色人種の移民も受け入れて、アメリカ合衆国を豊かにしてきました。

ところが、第二次世界大戦後、アメリカは少しずつ変節していきます。人件費が上がり、大企業は工場を海外に移すようになって、移民の必要がなくなります。それどころか、余剰人員が発生し、失業率が上がっていきます。次第に金融市場となり、所得格差も広がっていき、多くの人々が貧困生活を送るようになってしまったのです。

そうなれば、誰でも考え始めるでしょう、「一体、この国は何なんだ」と。

白人の国じゃなかったのか？

ところが、現実を見れば、儲かっているのは銀行家ばかり。仕事の口にしても低賃金で働くメキシコ人、黒人、東洋人たちに取られて、我々白人はマイノリティーのような暮らしぶりをしている。こんな国はおかしい！　アメリカは白人の国だったはずだ！

こういった白人中間層のごく当たり前の気持ちを代弁したのがトランプ氏だったのです。

一方、クリントン氏を支持したのは、ウォール街を中心とした富裕層でした。大手メディアも富裕層の一員ですから、彼らがクリントン氏に肩入れするのは当然だったのです。

ですから、アメリカのメディアはクリントン氏有利をずっと報道し続けていたのです。

ところが、今回は違いました。

アメリカの白人層が怒ったのです。

彼らは人種差別がどうのこうの言っていられる状況ではないほど切羽詰《せっぱ》まっていたのです。

見栄も外聞も捨てて、「ここは白人の国だ。白人が優遇されるのが当然だ」と思い、その思いを代弁するトランプ氏に票を入れました。

南北戦争のときと違ったのは、南部側たるトランプ派の人間のほうが多かったということです。

かつての南北戦争では移民の側だった白人たちも、今回はトランプ側についたのです。

そもそもアメリカの有色人種の人口比率はすべての有色人種を合わせても3割ほど。圧倒的に白人が多いのです。

その白人が、「アメリカは白人の国」というトランプのスローガンに呼応したのですから、勝てないはずがなかったのです。

トランプ氏は洗脳したのではなく、洗脳を解いていた

さて、これがトランプ大統領誕生の秘密です。

要は、白人たちの反乱だったのです。

そして、これでわかるのはアメリカの社会がここ数年ずっと洗脳されてきたということです。

先ほども言ったように、本来、アメリカの人口比は白人が7割で有色人種3割です。ということは、ごく普通に選挙をすれば白人優位社会になっていたはずなのです。

マスメディアによる情報操作がなければ、オバマ大統領など誕生しなかったでしょう。何しろ、南北戦争後も白人たちは人種差別をやめようとはしなかったのですから。有色人種に対する優越感は白人たちの偽らざる本音であり、本能のようなものなのですから。もちろん、白人たちが豊かであれば動物的な本能を理性によって抑えることも可能だったでしょう。しかし、アメリカは

いま貧困にあえいでいます。理性よりも本能が優先されるのは当然です。

ここはとても重要な部分です。

実は、今回の選挙でトランプ氏が何か特別な洗脳手段を使ったのではないか、と疑問に思っている人もいるようですが、実際は話が逆で、トランプ氏は大衆洗脳を解いたほうだったのです。

洗脳はオバマ大統領時代までのほうで、メディアとウォール街による大衆操作によって、有色人種の大統領を選んだことだったのです。

ここを多くの人たちが見誤っています。

7割白人がいる国で、白人バンザイを叫ぶ候補者が大統領に就任した。

これこそが当たり前のことであり、人間の本性として正常なのです。

アメリカン・ドリームの終焉《しゅうえん》

今回の大統領選で理解してほしかったのは以上のことでした。

白人たちへの洗脳、大衆操作がトランプ氏のメッセージによって解けたということです。

とはいえ、それで脱洗脳に成功したのかといえば、また、別の問題が発生しています。

それは、アメリカの白人たちは新たな洗脳状態に入ったということです。

脱洗脳に成功するということは、ある意味、新たな洗脳を施されたともいえます。

ここで再び、洗脳とは何かを考えてみましょう。

他人を洗脳する上で重要なファクターは何かといえば、煩悩を肯定してあげることです。煩悩を肯定してあげると、その煩悩はどんどん大きくなります。そして十分に大きくなったところで、ある方向に導いてあげると、人は自分の意思で、その方向に突き進んでいきます。

それは拝金主義に染まった人たちを見ればわかるでしょう。

目先のお金のためなら、自分の子供の将来も、日本の未来も知ったことではないほどお金に執着しています。

それはアメリカでも同様で、日本よりもずっと前から拝金主義は横行していました。その証拠はアメリカン・ドリームです。

アメリカン・ドリームはアメリカの成功の証《あかし》ですが、その正体は徹底した拝金主義です。お金持ちになること。それだけがアメリカン・ドリームなのです。偉大な業績や発見、幸福度ではなく、基準となるのはお金を持っているか、否かだけなのです。

アメリカ人は皆、そのアメリカン・ドリームを目指していましたが、それはもう無理だということに薄々気づいてきたのがここ数年なのです。

どれだけ頑張っても努力してもお金持ちにはなれない。アメリカン・ドリームなどもう実現しない。

それをアメリカの一般国民が悟ったのが今回の大統領選挙だったのです。

とはいえ、人間には常に煩悩の肯定が必要です。

拝金主義＝お金の煩悩を否定された人間たちには、新しい煩悩の肯定が必要です。

それが「差別」です。

差別という煩悩が、お金のかわりにこれからアメリカ人たちを夢中にさせていくのです。

金の鎖と銀の鎖

「ここは白人の国だ」

というのは、俺たちは白人なんだから優遇されるべきだ、ということであり、どこからどう見ても差別主義です。

お金持ちになれないことを諦めた人たちは、これからこの差別主義を大きくさせることで自らの煩悩を満たしていくことになるのです。

これは決して、良い世界ではないことは誰の目にも明らかでしょう。

しかし、アメリカはそうなる道を選んだのです。

そして、アメリカがそうなれば、日本も遅かれ早かれ、同じ道を歩んでいくのです。

私はこれをいま危惧《きぐ》しています。

お金の煩悩を満たすことを諦めた人々が、差別でウサを晴らす。

他人とのわずかな差を競い合う世界が到来するのです。

もちろん、人々が権力者たちの奴隷であることに変わりはありません。

ただし、いままでと違うのは奴隷であることを受け入れた奴隷です。

そんな人々であっても煩悩があり、それを満たすのが人の性です。

では、奴隷を受け入れた奴隷たちはどうやって他人を差別するのか、といえば、奴隷同士の持ち物を競い合うのです。

それが例えば肌の色であり、学歴であり、といったことです。

大差ないところで、大差を見つけて差別するのです。

わかりやすく言えば、奴隷が隣の奴隷に向かって「俺の鎖は金で出来てるけど、お前は銀だから」とバカにするようなものです。

そんな社会が訪れる予兆が、トランプ大統領の誕生の裏側には貼《は》り付いていたのです。

ですから、いまこそ、洗脳の知識が必要なのです。

何しろ、これから、最悪の洗脳がスタートするのです。

この渦に飲み込まれないためには、正しい洗脳防衛の知識を一刻も早く身に付けておかなければなりません。

ちなみに、ウォールストリートをアメリカ国民の敵と名指しして大統領選挙に勝利したトランプ氏は財務長官、国家経済会議議長、主席戦略担当の3名をウォールストリートのトップ企業ゴールドマン・サックスから迎え入れ、さらには自由主義社会のナンバー2の地位である国務長官をロックフェラー家のエクソン・モービルから迎え入れました。ゴールドマン・サックスもロックフェラー家の会社です。蓋を開けてみればトランプ政権はヒラリー・クリントン氏よりもはるかにウォールストリート寄りでした。アメリカ国民は完全に騙されたわけですが、一度洗脳されてしまった奴隷がいかに別の洗脳に簡単にハマるかの象徴的な出来事でしょう。

それでは、洗脳とはどんなものか、洗脳社会とはどんなものかを第1章から見ていくことにしましょう。

第1章

洗脳社会

洗脳は日常

1990年代の一連のオウム真理教事件によって、洗脳という言葉は日本ではすっかりポピュラーになりました。現在でも洗脳関連のニュースがあればメディアは大きく扱うことが多く、人々の注目度も高いのは皆さんもご存じでしょう。

すっかり一般的になった洗脳という言葉。

しかし、洗脳の本質を理解している人がどれだけいるでしょうか。

もちろん、洗脳の本質を皆が理解する必要はありません。

問題なのは、人々が「洗脳は特別なこと、ある種特殊な状況でなければ起きないことだ」と思い込んでしまっていることなのです。

「洗脳はカルト宗教に染まるような人が陥ってしまうので自分には関係ない」そう思ってしまうことが、とてもマズいのです。

なぜなら、洗脳は決して特別なことではないからです。カルト宗教の専売特許でもなく、特殊な状況に陥った人々だけがされてしまうものでもありません。

ごく当たり前の日常生活をしている中で、とても自然に私たちは洗脳されてしまっているのです。

にわかに信じられないかもしれませんが、事実ですので、いくつか例を挙げて説明していきましょう。

まずは、洗脳は人々に恐怖を与えることで、被洗脳者を操ろうとします。

私たちの日常は、洗脳だらけですから、当然誰かから与えられた恐怖が至る所にあることになりますが、もしも、「そんな恐怖は日常にはない。いい加減なことを言うな」と思ったら、それは現実が見えていないことになります。

例えば、テレビをつけてみてください。

しょっちゅうＣＭが流れていますが、ＣＭは人々に恐怖を与えていませんか？

外から帰ってきたばかりの手がいかに汚れているか。台所のまな板がどれほど雑菌だらけか。

あるいは、去年の製品がいかに古くて流行遅れでカッコ悪くてみっともないか。

ＣＭ制作側は明らかに、そうやって人々を脅して、消費行動を活発化させています。

これは洗脳手法そのものです。

変性意識を使った洗脳

もうひとつ、洗脳側が得意とするのが変性意識を使った洗脳です。

変性意識とは現実世界よりも空想の世界にリアリティを持っている状態のことで、わかりやすくいえば、小説に没頭している状態などがそうです。

この変性意識を利用するのもCMが得意とする方法で、私がよく例に出すのが、新車のコマーシャルです。イケメンの俳優が新車を駆って峠のワインディングロードを走らせると、助手席の美女が微笑《ほほえ》むといった感じのものが典型でしょう。

こういったCMは映像もちょっとした映画のように美しく作られているはずです。なぜ、そこまで見た目にこだわるのかといえば、視聴者に妄想してほしいからです。カッコイイ新車を自在に操る自分と、隣で微笑む美女。頭の中でこういった映像を思い浮かべた瞬間、脳内は変性意識状態になり、洗脳されやすくなります。

実際、CMを見た男性は大なり小なり、頭の中で自分がそのイケメンドライバーになった姿を想像してしまいます。その想像への共感が高ければ高いほど、購買行動につながっていくということです。

これが変性意識を利用した洗脳CMで、女性の場合ならば、ダイエット関連のものによく見られます。痩《や》せた自分を想像するような映像を見せて、そこに共感を呼ぶように作られています。

これもまた、恐怖を使ったCM同様、強烈な洗脳効果が期待できます。

過剰なメッセージ

もちろん、洗脳はCMばかりではありません。

例えば、教育。これは大人から、あるいは国家から子供に対する洗脳です。教育が許されるのは本人のためであり、第三者の利益にはなっていないからです。

法律もそうです。法律は、集団生活を円滑に進める上で必要であると、多くの人が認識しているようですし、そういう意味合いも当然ありますが、現在の国会を見ればわかるとおり、通過する法案はかなり財界の意向が入ったものになっています。特に、最近はその傾向が顕著です。

一例を挙げれば、昨年（2016年）5月金融庁が提出した改正資金決済法がそうでしょう。

この法案によって、ビットコインなどの仮想通貨が決済手段に使える「財産的価値」と定義されましたが、実は、この法案は、日本国内で発行される通貨として円以外の通貨を日本国家が初めて認めたことになるという衝撃的な内容なのです。

この法案だけで、国の制度が大きく変わるほどのインパクトがあるものだったのですが、こんな法案作りを、金融庁だけでやるでしょうか？

しかも、ビットコインに関しては2014年、「通貨ではない、商品である」と閣議決定されています。であるのに、金融庁はそれを完全に無視した形で2016年に法案提出し、国会を通過させています。どこからかの強力なプレッシャーがなければ、金融庁が単独でこのような法案を提出するわけがありません。

これはとても大きなカラクリを持つ、洗脳です。これについては仮想通貨のところで詳しくお話しします。

また、〝常識〟もそうでしょう。

「常識がない」という言葉は、とても曖昧模糊《あいまいもこ》としていて、発言者の恣意《しい》的な意向や、自分勝手なルールが含まれていることがほとんどです。簡単に言えば、発言者の社会的地位、グループ内での力関係によって、〝常識〟はいくらでも変わってしまいます。

このように、洗脳には、常に洗脳者側、情報発信者側のメッセージが含まれており、それが正しいことだとされるのです。

痩身《そうしん》ＣＭならば、「痩せた身体《からだ》が正しい」、洗剤のＣＭであれば「家の中は不潔で掃除が必要」

といったものです。

こういったメッセージは一見とても受け入れやすいものですから、ついついうなずいてしまいそうになりますが、痩せた身体が絶対に正しいとは限りません。家の中にしても、毎日拭《ふ》き掃除をしていれば不潔ということはないでしょう。

結局、こういったメッセージには、過剰な情報が含まれているのです。

そして、過剰なメッセージは家の中にいても、会社の中でも、学校の中でも発信されています。

また、同僚同士、友達同士、親子関係の中でも、常に存在しています。

洗脳は決して特別なこと、特殊な状況の中で行われるものではなく、日常茶飯事なのです。

私たちはずっと洗脳の真《ま》っ只中《ただなか》にいる、ということです。

そして、ここが重要なのですが、私たちが洗脳から逃れることはほぼ不可能だということです。

これを理解した上で、どう生きるのか、ここがポイントになります。

私たちはすでに洗脳済み

私たちはすでに洗脳済みであり、今後も洗脳され続けるということ。読者にはまずこれを理解してほしいと思います。

これを理解した上で、改めて、いま自分が住んでいる世界を見回してください。ここ数十年で大きく変わってしまったことがたくさんあるのに気がつくでしょう。

例えば、経営者の意識です。

かつての経営者は「会社は従業員のものであり、従業員の幸せなくして会社の成長はありえない」という考え方が一般的でした。少なくともそういった建前を崩すことをしませんでした。それが、現在はブラック企業といわれる会社が上場し、大きな利益を上げています。

いまの経営者たちは「会社は従業員のものだ」なんてこれっぽっちも考えていません。彼らの思考はいかに利益を上げるかだけで、そのために最も効率的な方法である人件費のカットばかりを考えています。

もの作りではなく、いかに従業員を使い捨てにするか、これが考え方の基本になっています。しかも、国もその考え方を後押しし、正社員になるよりは派遣社員になることをずっと推進してきました。

その結果が現在の所得格差社会を生む一因になっています。

所得格差が発生すればどうなるか？

人々は当然、勝ち組になることを望みます。結果、子育ても受験優先になり、競争社会が加速していきます。

こういった流れが一旦《いったん》できてしまうと、そこから降りるわけにはいかないように人々は感じてしまいます。企業も親も、子供自身も、その流れに逆らおうなどとは考えられなくなります。

もちろん、彼らは学歴社会や格差社会を肯定しているわけではないでしょう。しかし、拒否することもできないのです。皆がそちらの方向に進んでいる中では、そこに背を向けることは社会からつまはじきにされることを意味します。

「社会からつまはじきにされると現実的にはお金を稼げないかもしれない……。お金がないと不幸せになってしまう……」

そんな恐怖を刷り込まれてしまったら、そこから降りるなんてことは考えられなくなるのです。考えても怖くて実行できなくなってしまいます。

もちろん、恐怖の刷り込みがある以上、洗脳手法が使われていることは間違いありません。

お金で買えないものはあるだろうか？

社会からつまはじきにされる恐怖とは、負け組に落ちることへの恐怖です。

もしも、負け組に落ちたらどうなるか？

当然ながら、いい生活、贅沢《ぜいたく》はできません。

恐怖の本質はこれです。

先ほども書きましたが、洗脳手法のひとつには恐怖を利用するものがあります。

必要以上に恐怖をかきたて、他人の行動を操ります。

貧乏の恐怖。お金を持たない恐怖。

これが現代の日本で蔓延《まんえん》している洗脳であり、言葉を換えれば、お金が一番大切だというメッセージです。

拝金主義。

いまの日本は、この一言で説明できてしまいます。

お金以外の理由がまったくないカジノ法が国会で強行採決されたのはまさにいい例です。

日本だけではありません。アメリカでもイギリスでも中国でも、洋の東西を問わず世界の至る所で、拝金主義が蔓延しています。

いま世界中で格差社会が問題になっているのは「お金こそが正しい」と富める者も貧しい者も固く信じているからです。

もちろん、お金はないよりは、あったほうがいいですし、稼げるほうがいいことは間違いありません。

しかし、それは人生の中で、いくつかある目的のほんのひとつであって全部ではないでしょう。

実際、お金は万能ではありませんし、お金で買えないものなど、いくらでもあります。

一例を挙げれば命です。ロックフェラー家の当主デイヴィッド氏は現在、重い病気を患《わずら》っており、治療のために、世界最高の医者たちを集めて治療にあたらせています。

その優秀な医者たちはお金にあかせて集めたのでしょうが、延命治療はできても命を買うことはできません。

重い病気を患っているという
デイヴィッド・ロックフェラー氏

病気になれば、最も大切なものは健康や命であり、それらを押しのけてもお金が大事という人はいないでしょう。

「老い」にしても、そうです。

いくら整形手術を繰り返しても老いを止めることも、若さを取り戻すこともできません。

ところが、いまは「お金で買えないものがある」と誰かが言えば、「いや、だいたいのものはお金で買えるよ」と冷笑されるのがおちです。普通に考えて、命はお金では買えないのに、です。

拝金主義は自然の流れだったのか？

不思議なのは、いま世界中の人々が、現在の拝金社会が当たり前だと思っていることです。お金のためにあくせく仕事をし、お金のために生きている。お金がないと幸せにもなれないと思っていることです。

皆、こう考えることが普通になっていますが、ちょっと立ち止まって、もう一度考えてみましょう。

例えば、20年前のバブル全盛の時代、当時は何でもお金で片がつく拝金主義時代のさきがけだったことは間違いないでしょう。

しかし、現在ほどお金、お金、お金と言っていなかったのも事実なのです。

例に出すのもなんですが、オウム真理教の信者たちが全財産を教団にお布施《ふせ》していたのは、来世の幸せのほうがお金よりも遥《はる》かに重要だと考えたためでした。その是非は置いておいて、少なくとも、そうやって信者を集められたということは、現在のようにお金がなければ、幸せになれないと老若男女が思い込んでいる世界ではなかったからです。

富める者も貧しい者も、それぞれに幸せになる道を歩もうと模索していたわけで、「お金で買えないものがある」ことを理解していたともいってもいいでしょう。

現在は収入格差が広がって、貧困層が増え、余裕がなくなっているから、お金への執着度が高まっているのだという言い方もできるかもしれません。序章でも書いたようにすでにアメリカはそうなっているわけですから。

しかし、日本はまだアメリカのようなひどい貧困社会ではありません。

福祉がゆき届いており、働かなくても最低限のことを国が保障してくれますし、最寄りの市役所に相談すれば、餓死するなんてこともないでしょう。

それどころか、仕事をしなくてもそこそこの暮らしをすることも可能です。私の知り合いの元カルト信者は、生活保護を受けて暮らしていますが、普通の生活をし、iPhoneも持っています。

それでもまれに餓死事件が報道されたりしますが、あれは国の保障や生活保護などを自ら放棄している部分があるからです。

現在の日本の社会では、お金がないと生きていけないなんてことはほとんど考えられないのです。

ところが、多くの日本人は、「お金がないと生きていけない」と思っていますし、親も子供にそう教育しています。

こうなったのは、わずかここ20年のことです。この間に日本人のお金に対する意識はすっかり変わってしまったのです。

企業も官僚も政治家もメディアも、皆、お金の亡者になってしまったのです。

問題は「これが自然の流れだったのか?」ということです。

グレーなビジネスを日本に持ち込んだMBAとコンサルティングファーム

お金が欲しい、お金がなければ何も始まらない。この拝金主義が強くなってしまったのはなぜなのか?

その答えのヒントになるのが、バブルの崩壊です。

バブル崩壊を境として日本は大きく変わってしまいました。特にお金儲《もう》けの方法の変化は顕著です。

象徴的なのが、バブルが弾《はじ》けてからお金持ちになったヒルズ族と呼ばれる人々の登場です。若くしてお金持ちになった彼らをマスコミは時代の寵児《ちょうじ》のように扱っていましたが、彼らはどうやってそのお金を手にしたのでしょうか?

私は六本木ヒルズに住んでいたＩＴ長者たちのことをよく知っていますが、彼らのお金儲けの手段の一番大きなところはインサイダー取引といっても過言ではありませんでした。

といっても、彼らは違法なことをしていたわけではありません。

何しろ日本でインサイダー取引の法整備が進み始めたのは90年代以降の話で、違法も何も、当時は法律そのものがなかったのです。

金融テクノロジーの世界は、テクニックや仕組みが先行し、法律はそのあとからできるので、彼らは法律的には潔白であり、真っ白な存在でした。

しかし、インサイダー取引は当時すでに海外では違法となっており、どう考えてもアンフェアなやり方で倫理的に言えば真っ黒だったのです。

法律的には真っ白であっても倫理的に真っ黒だったから、彼らのビジネスはグレーと言われたのです。ヒルズ族のＩＴ長者たちは倫理的に真っ黒な方法でお金儲けをしたのです。

しかも彼らは、その方法を自分で編み出したわけですらありません。

彼らがやっていたのは、アメリカで学んできたことを、そのまま規制がゼロの日本でやっただけだったのです。

90年代の経済洗脳

90年代は終戦直後と同様に、アメリカ文化がどっと入ってきた時期でした。終戦直後はアメリカの暮らしそのものが素晴らしいという洗脳でした。

GHQ時代は私の師匠の一人であるアメリカ最高の心理学者アーネスト・ヒルガードがわざわざ来日し、洗脳プログラムを作って、戦争責任やアメリカ文化の優位性を日本人に刷り込みましたが、90年代は経済洗脳が徹底的に行われました。

マッキンゼーやボストン・コンサルティング・グループ（BCG）などのコンサルティングファームが若者の注目を集め始めたのも90年代からでしたし、MBA留学が流行したのもこの頃です。

MBA留学にしても、コンサルティングファームにしても、それ以前から日本にありましたが、この時期から注目のされ方が変わってきます。

なぜなら、90年代以前と以降では、これらの意味合いが変わっているのです。

MBA留学で言えば、90年代以前は自分が所属する、あるいは後継者として自分がのちのち経営する会社をより良くするための知識を求めての留学でした。

しかし、90年代以降は状況が変わってきます。アメリカ経済の中に、タックス・インバージョン（税金の安い国への本社移転）のスキーム、タックス・イロージョン（収益の減額と損金を増額させるためのテクニック）のスキームなどが入ってくるからです。これは先ほどから言っているようにとてもグレーなビジネススキルになります。違法ではないが、限りなく違法に近いということです。

当時のＭＢＡ留学者はそういったアメリカのビジネス文化を吸収して帰国し、日本で実践していったのです。

90年代以降に急増した外資系のコンサルタントたちは、タックス・インバージョンなどのスキームを、日本の大企業に浸透させていきました。

こうやって日本にグレーなビジネスを持ち込んだのが彼らであり、90年代だったのです。

ＭＢＡで教えているのは人の転がし方とお金の転がし方

ところが、現在でも多くの日本人はＭＢＡのことを実践的なビジネス手法を教えてくれるビジネススクールだと勘違いしています。

ＭＢＡとは Master of Business Administration の略です。

日本語ではこれを経営学修士と訳していますが、直訳すれば経営管理の修士です。経営ではなく、経営管理の技術であり、要は人事部や総務部の仕事の範疇《はんちゅう》なのです。

もちろん、人事部の仕事や総務部の仕事が悪いと言っているわけではありません。多くの日本人はMBA出身者を経営のマスターだと思っていますが、実際に彼らが持っている技術と知識は、経営を維持、管理するためのものなのです。

つまり、新しく事業を起こしたり、新製品を創る開発のための知識や技術でもなく、販路を拡大させるための営業の技術でもないということです。

こういっては何ですが、人の転がし方と、お金の転がし方を学ぶところ。それがMBAだったのです。

では、MBAの卒業生はどんな職につくのでしょうか?

例えば、ハーバードビジネススクールを卒業した人間は、翌日から幹部として雇われます。あるいは、副社長として入社し、数カ月後社長になって経営を行います。それを数年間続けて、また別の会社の社長になるのです。彼らはずっと社長業しかしません。

欧米の場合、社長とは企業のオーナーのために短期的な利益を上げるための職業です。

そういった人間であれば、MBAの知識はとても役に立ちます。何しろ、それは人の転がし方とお金の転がし方に関する知識だからです。短期的利益を上げるには、これが一番で、人の転がし方とはリストラであり、お金の転がし方で最も重要なことは回転率を上げた上で、タックスを払わないことになります。

一昨年末、ファイザー製薬がアイルランドのアラガンと逆さ合併し、本社を税金の安いアイルランドに移そうとしたのは皆さんも覚えているでしょう。あれがまさにタックス・インバージョンのスキームで、税金を違法性なく支払わない方法です。結局、アメリカ国内で税金逃れの声が高まり、米財務省も新規制を設けたため、ファイザーは逆さ合併を断念しました。

こういった、ビジネススキームが全盛になったのがバブル以降のＭＢＡ文化です。

実際、パナマ文書でも名前が挙がった楽天の代表三木谷浩史氏は93年、日本興業銀行在行中にハーバード大学に留学し、ＭＢＡを取得しています。彼は2年後の95年に帰国しますが、その年に興銀を辞め、楽天を作っています。

気になるのは、興銀在行中にタックスヘイブンに会社を作っていることです。

興銀のお金で留学し、その知識と人脈を使ってタックスヘイブンに会社を作り、帰国後はすぐに会社を辞めて起業する。現在の読者の皆さんはこの行動をどう思いますか？

こういったやり方がかっこいいと言われたのがバブル以降であり、ＭＢＡ留学の典型です。

そうやって作った会社が大金を生み出すようになると、メディアはＩＴ長者ともてはやしたのです。

現代に続く拝金主義は、ここから始まりました。

グローバル企業の脱税方法

それにしても、なぜ、こんなグレーな手法が瞬く間に日本を席巻したのでしょうか？

それはグレーな手法があまりにも容易《たやす》くお金を生み出すことができるからです。一度、この方法を知ってしまえば、まともにビジネスをして稼ぐことなどバカバカしいと思ってしまうでしょう。

それは日本のＩＴ長者のみならず、一流企業といわれる経団連企業もそうですし、グローバル企業も例外ではありません。

昨年、パナマ文書の公開によって、その実態が発覚しました。日本も含めた世界の大企業や個人が脱税に手を染めていたことが暴露され、大きな衝撃を与えたのです。

バージン諸島やケイマン諸島などのタックスヘイブンに会社を作って税金逃れをする方法は、いまや先進国の大企業のほぼすべてがやっていることです。彼らは世界中で儲けています。その国のインフラストラクチャーを使って大金を稼いでいます。ところが、どこの国にも税金を払っていないのです。これは誰がどう見たってアンフェアな行為でしょう。

しかし、現在の法律では、そんな彼らを取り締まることができないのです。

彼らのやっていることは倫理的には真っ黒であるものの、法律的には真っ白＝合法なのです。

では、彼らは一体どのようにして、税金逃れを行っているのでしょうか？

まず企業が用意するものはパワー・オブ・アターニー（Power of Attorney）という委任状で、これを持った弁護士、公認会計士がタックスヘイブンの下請け法律事務所に依頼して会社を設立するだけです。

この下請け事務所はノミニーと呼ばれ、パナマ文書の流出元となったパナマの法律事務所モサック・フォンセカもそのひとつです。あとはノミニーが委任状をもとに〝勝手に〟会社を登記して終了。彼らは、委任状を出した企業には完全匿名を保証しますから、企業は安全なのです。

とはいえ、パナマ文書では多くの企業名が出てしまいました。

匿名のはずなのに実名が出てしまった理由は、ノミニーが顧客管理を楽にするため、データベース上では顧客の実名の一部などを使用してしまったからです。このデータベースが流出することは想定されていませんでした。

ただし、実名が出ようが出まいが、企業側は「その会社は、偶然同じ名前の野村さんじゃないですか？　うちとは違います」と白を切れるので、根本的な問題にはならないのです。

タックスヘイブンの錬金術

ところで、タックスヘイブンに会社を作ると、企業にはどんな利益が出るのでしょうか。

最も簡単な利益の出し方は、タックスヘイブンの会社に多額のコンサルタント料を払う方法です。例えば、日本のある企業が「うちはバージン諸島の会社にコンサルタント料として10億円払いました」といったら、海外なので日本の税務署は調べる方法がないのです。

こんな簡単なやり方で10億円が経費となり、日本の法人の実効税率2億5千万円がまるまる浮くことになります。

それだけではありません。10億円はスイスの銀行、例えば香港上海銀行（ＨＳＢＣ）のスイス支店にタックスヘイブンの会社が作った口座に振り込まれます。この預金10億円は銀行家が運用してくれますから、放っておくだけで増えていきます。

一方、ＨＳＢＣに10億円預金すると他の支店で事実上10億円まで無利子で借りることが可能になります。つまり、払った10億円がまるまる戻ってくるのです、それもマネーロンダリングされて。

タックスヘイブンの会社に10億円送金しただけで、税金2億5000万円が浮き、10億円が高利回りで運用されるとともに、10億円のキャッシュが戻ってくる。こんなおいしい話はないでしょう。

これが合法なのですから、やめろと言ってもやめられないわけです。

それどころか、彼らはさらなる脱税法の開発に精を出しているほどです。

ダブルアイリッシュ・ウイズ・ダッチサンドウイッチ

そんな脱税スキームとして最も有名なのが、Appleなどが考案したダブルアイリッシュ・ウイズ・ダッチサンドウイッチです。

そのやり方は、最初にタックスヘイブンに会社を作り、そこに知的財産権をすべて移してしまいます。その後、ダブルアイリッシュの名のとおり、アイルランドに会社を2つ作ります。なぜ、2つなのかといえば、第1会社はタックスヘイブンの会社から知的財産権をライセンスしてもらい、第2会社にサブライセンスするためです。第2会社が第1会社にライセンス料を払い、第2会社が売り上げを上げるという流れを作るのです。

ここで重要なのは世界中の売り上げは第2会社のもとに入ってくるのですが、第2会社は売り上げよりも多いライセンス料を第1会社に支払うので常に赤字になります。こうすれば、どれだけ売り上げが上がっても赤字になるので税金は発生しません。しかも、ライセンス料はタックスヘイブンに流れていきます。

ただし、いくら分社化したとはいえ、アイルランドの第1会社が第2会社に直接、知的財産権を渡せば、同一会社とみなされますから、通常は税金が発生します。

そこで利用されるのがアイルランドとオランダの間の租税条約で、両国におけるビジネスではライセンス料に税金がかからない、というものです。

ですから、アイルランドの第1会社は、直接第2会社とライセンス契約を結ばないで、間にオランダの法人を入れて、第2会社にライセンスしていたのです。これがウイズ・ダッチサンドウイッチの意味です。

これによってAppleは実効税率3・4％にまで〝節税〟しています。

アメリカの法人実効税率は35％で、日本の法人の実効税率は40％以上、個人でも25％は払っています。であるのに、世界的企業であるAppleはたった3・4％なのです。

これをアンフェアと言わず、何というのでしょうか。

こういった脱税スキームはApple だけでなく、Google、Amazon、ヒューレットパッカード、Microsoft など、いまや大手のＩＴ企業、グローバル企業が軒並み採用しています。

そのおかげで、彼らは世界のどこにも税金を事実上払っていないのです。

大企業のほぼすべてが脱税を是とする世界

パナマ文書やオフショアリークスによってわかったことは、大企業のほとんどが脱税をしていたことです。

私が調べてＭＸテレビで公開した主な日本の企業名だけでもここで紹介しておきましょう。

電通、ＪＡＬ、ＮＴＴドコモ、ライブドア、オリックス、大和証券、東京海上、三菱商事、丸紅、大日本印刷、商船三井、東洋エンジニアリング、東京電力、住友金属工業、ドワンゴ、楽天ストラテジックパートナーズ、ソフトバンク、日興証券、日商岩井、伊藤忠商事、豊田通商、日本製紙、バンダイ、セコム、ＪＡＦＣＯ、ＪＸといったところです。

一目瞭然《いちもくりょうぜん》、私たちが普通に知っている大企業ばかりです。そんな有名企業の経営者が脱税という違法行為を是と判断していることになります。

大問題なのはここです。

これらの企業は、日本の経済はもちろん、世界の経済を推進している存在です。経営者の考え方ひとつで、この世界は変わってしまうほどの影響力があると言ってもいいでしょう。

その彼らが、社員の給料を上げるよりも脱税を優先し、内部留保ばかりしていれば、消費行動が活発化するわけがありません。当然払うべき公共財への支払いも拒否していれば社会は確実に壊れていきます。

脱税者たちは資本主義と民主主義を根本から破壊しているのです。

そんなこともわからずに、あるいはわかったとしても「それが何だ」と強欲にお金を求める姿勢。これを拝金主義というのです。

パナマ文書で、はっきりしたことは、どの企業やどの個人が脱税していたということもそうですが、それ以上にこの世界が拝金主義ですっかり覆われていることを改めて示したことでした。

メディアが報道しない世界

パナマ文書でわかったもうひとつの重要な事実は、メディアがメディアとして機能していないことです。

特に、日本はひどいものです。

世界的にパナマ文書公開の衝撃が走っているときに、日本ではほとんど記事やニュースにせず、無視したのです。

その後、インターネットによる日本の大手メディアへの批判、海外の報道ぶりを見て、ようやくニュースにするようになりましたが、それも財界の言いなりでした。

例えば、パナマ文書によって告発された丸紅や伊藤忠はタックスヘイブンに会社を作った目的を「ビジネスのため」だったとコメントし、UCCの創業家・上島氏は「租税回避が目的ではない」と説明、セコムも「租税逃れではない」などと発表しましたが、メディアはそれをそのまま掲載してほとんど批判していないのです。

申し訳ないですが、これでは子供の使いです。

タックスヘイブンといえば、脱税とマネーロンダリングのワンセットなのが通常です。企業が租税回避以外の目的でタックスヘイブンに会社を作る必要などあるわけがないでしょう。

また、個人名で名前が挙がっていた楽天の三木谷氏は「租税回避地として認識していなかった」と発言していますが、租税回避地であることは契約書に記載されているはずです。弁護士が関わっている以上、その言い訳はあり得ないことです。

ほかの企業でも「適正な税務対応をしている」などの説明がなされていますが、適正な税務対応をしている企業がタックスヘイブンに会社を作る理由などありません。

はっきり言って杜撰《ずさん》なコメントもいいところです。

まともなメディアであれば、「ナメるのもいい加減にしろ！」と怒り出して当然の場面でしょう。

ところが、日本のメディアは、こういったコメントをそのまま企業広告誌のように掲載しただけで、「報道しました」とすまし顔なのです。

海外では、アイスランドのグンロイグソン首相がパナマ文書に名前が挙がっていたことでメディアに追及されて辞任しているのです。

ところが、日本では、不正を正そう、巨悪に立ち向かおうという気概がないどころか、なるべく穏便に済まそう、企業の言い訳だけを報道しよう、なかったことにしようという報道姿勢で一貫していたのですから、本当に情けない話です。

しかし、これこそが実は洗脳の基本なのです。

オウム真理教を含めてどんなカルト宗教でもやっていることですが、洗脳の基本中の基本は情報遮断です。教祖以外の言葉、カルト教団の教義以外は耳目に触れさせないようにして信者たちを自分たちの思う方向に先導するのです。

やり方の稚拙《ちせつ》さは別にして、いまの日本のメディアもこれをやっているのです。情報を恣意的に出さない、情報遮断によって、国民を騙《だま》そう、黙らせよう、抱き込もうとしています。

事実、２０１１年の福島第一原発事故後の報道でも情報遮断はしていましたし、ＴＰＰ関連の報道でもそうでした。近いところでは昨年の都知事選挙であからさまな情報遮断をやっています。都知事選の立候補者は21人いましたが、大手メディアが扱ったのは小池百合子、増田寛也、鳥越俊太郎の3人だけでした。

実は、この3人しか扱わなかったのは、ある筋からテレビ局に「先の3候補以外は扱うな」という圧力がかかったからだったといまでは知られています。

このように、現在の日本の大手メディアは、大企業や権力者の意向を受けて積極的に情報を出さないようにしているのです。

もちろん、メディアが企業や権力者たちの意向にやすやすと従う理由は拝金主義に染まり切っているから以外にありません。

本来、抑止力となるべきメディアが積極的に権力側に与《くみ》しているのですから、社会の洗脳化に拍車がかかって当然でしょう。

この拝金主義洗脳の何が恐ろしいかというと、洗脳者は国や大手メディアであり、対象は国民全員だからです。

誰も逃れることができない、現在進行形の洗脳の真っ只中にいることを私たちは改めて自覚し、至急対策を講じなければならないのです。

第2章
洗脳は誰が仕掛けているのか？

お金に目がくらんだお金持ち

第1章で見てきたように、世界には拝金主義が蔓延《まんえん》しています。

そのきっかけは、お金を欲しがる人が異常に増えてしまったためですが、問題なのは、誰がお金を欲しがっているのか、ということです。

貧困層が欲しがっているのは当然ですが、実は、いまお金を最も欲しがっているのは、もともとお金を持っている富裕層のほうなのです。

彼らがお金に取り憑《つ》かれてしまったから、世界的な拝金主義になってしまったのです。

つまり、お金を欲する理由は貧困だからではなく、お金を持っているため、裕福であるためだったのです。

なぜ、こんな奇妙なことになったのかといえば、人が何をもって幸せだと感じるのかを考察すればわかってきます。

例えば、次の質問をちょっと考えてみてください。

「Aさんは資産400万円の運用に失敗して100万円を損しました。一方、Bさんは資産10

0万円の資産をうまく使って100万円儲《もう》けました。AさんとBさん、どちらが幸せですか?」

多くの場合、答えはBさんです。ラッキーだったのはBさんですから当然でしょう。

しかし、もう一度よく考えてみてください。

Aさんは資産を減らしたとはいえ、300万円持っているわけです。一方、Bさんは増やしたといっても200万円で、資産額だけを比べたら、誰でもAさんが幸せだというでしょう。

ところが、先の質問ではほとんどの人はBさんが幸せだと感じるのです。

これは行動経済学の統計調査によって判明したものですが、私たちは目先の損得にこそ、幸不幸を感じる生き物なのです。

いまいくら持っているか、ではなく、目先の出来事がプラスに変化したのか、マイナスに変化したのかで幸せ度、満足度を測っています。

ですから、資産が数兆円、数百兆円あったとしても、それだけでは人は幸せを感じることができないのです。

プラスの変化。これによってしか、人は幸せを感じられない生き物なのです。

しかも、やっかいなことに、人は資産が大きければ大きいほど、プラス分も大きくないと満足感を得られないこともわかっています。資産1000万円のときのプラス10万円は嬉しいですが、資産が1000万円のときのプラス10万円は、大して嬉しくない、ということです。

この人間の特性が、世界の富の99%以上を握るという世界人口の1%の富裕層をお金に狂わせているのです。

彼らは巨額の資産を持っていますが、それゆえに欲する金額も巨大になり、世界は歪《ゆが》むのです。

この歪みが、世界が拝金主義に陥った原因です。

では、歪みの源にいる人たちとは、具体的にどんな人たちでしょうか?

一口に富裕層といっても大企業の経営者もいれば、先祖代々の資産家もいます。また、日本でいえば財閥系企業の社長もいれば、旧華族たちもいます。

こういった人々の中で、いま話題としている富裕層とは、お金持ちの中でも超お金持ちたちのことになります。

答えは、お金を作り出した人たち。イングランド銀行があるシティことシティ・オブ・ロンドンやウォール街。ここにいる銀行家たちが、世界を拝金主義に叩き込んだ原因のひとつであり、同時に彼らこそがお金に価値があるという幻想を作り出した張本人でもあります。

拝金主義の源シティ・オブ・ロンドン

そもそも、シティは世界最古の金融街でオフショア（意味合い的にはタックスヘイブンと変わりませんが、居住人口と金融セクター数との比率などでタックスヘイブンと言い切れないときなどで使います）の先駆けです。

タックスヘイブンの多くがイギリス領なのは、シティの税制がそのまま移植されたためです。バージン諸島など南海のタックスヘイブンはシティの飛び地といっても過言ではありません。シティを中心に世界的な租税回避地ネットワークが出来上がっているのです。

また、日本人にはあまり知られていませんが、シティはイギリスの首都ロンドンの中でも最高レベルの行政地区グレーター・ロンドンの中心にありながらロンドンとは完全に別の自治都市を形成しています。

首長もロンドン市の市長（Mayor of London）とは別のロンドン市長（Lord Mayor of London）が選出され、歴史的に見るとシティの Lord Mayor のほうが古いのです。形式的ではありますが、イギリスの国王がシティに立ち入る際 Lord Mayor の許可が必要になるほどです。

税制の優遇など数々の特権も持ち、イングランド銀行も擁していますから世界の金融界に大きな影響力を持っています。何しろ、各国の財務大臣がLord Mayorに呼びつけられることもしばしば、なのですから。

またシティの地主はイギリス王家とされているのも、権力の強さを物語っています。

つまり、巨大な金融機関と王侯貴族たちが拝金主義の裏側にいることになり、彼らが拝金病に取り憑かれたことが問題の原因なのです。

パナマ文書をリークした真犯人

では、アメリカはどうでしょうか?

ニューヨークのウォール街もシティと並ぶ金融街であり、いまや世界一のオフショア取引高を誇っています。世界一は香港になりますが、本当の世界最大のタックスヘイブンはウォール街です。シティは2番目のタックスヘイブンになります。

ちなみに、ここで言うウォール街とはJPモルガンやシティ銀行ではなく、ゴールドマン・サックスを意味します。

ウォール街の銀行は、デイヴィッド・ロックフェラー氏が主たる持ち主でしたが、いまや時代は変わり、ジョン・〝ジェイ〟・ロックフェラー氏がロックフェラー家4代目当主となるのも間近でしょう。そのジェイ氏の持ち物がゴールドマン・サックスです。トランプ政権の財務長官を出した企業です。

アメリカでは彼らが拝金病に取り憑かれています。

なぜなら、パナマ文書をリークしたのは彼らウォール街の実力者たちだからです。

実質上のオフショア取引世界ナンバー1のウォール街がなぜ、自分で自分の首を絞めるパナマ文書をリークしたのか、と疑問に思う読者も多いでしょう。

しかし、パナマ文書をよく見れば、その理由が見えてきます。

同文書では世界中の資産家、政治家、企業の実名がリークされましたが、アメリカの政治家の名前はほとんど公表されていません。最初の頃は、アメリカの政治家の名前はないというアナウンスまでされていました。また、世界的な投資家ジョージ・ソロス氏とロックフェラー系の人脈、企業名もありません。

実は、パナマ文書をリークしたＩＣＩＪ（The International Consortium of Investigative Journalists＝国際調査報道ジャーナリスト連合）の出資者は、ソロス氏と、ジェイ氏が動かすロックフェラー財団なのです。

とはいえ、彼らがパナマ文書を公開する理由はまだわからないでしょう。

先ほどもいったように普通に見れば、自分で自分の首を絞める行為のようにしか感じられないからです。

この謎を解くにはパナマ文書の目的を理解する必要があります。

パナマ文書の目的はシティ潰《つぶ》し

パナマ文書を公開した目的は、シティ潰しです。

バージン諸島など南海のタックスヘイブンは、シティの飛び地だったことはすでに書きました。パナマ文書で大打撃をこうむったのは、こういったシティの飛び地ばかりでした。

つまり、同文書はウォール街からグローバル企業、超富裕層に対するメッセージだったのです。「英領ケイマン諸島やバージン諸島に、お金を置いておいても安全じゃないよ。やっぱりお金は世界一のタックスヘイブン、ウォール街に置くのが一番だよ」

という。

前述したとおり、ウォール街の頂点はいまやジェイ氏であり、ゴールドマン・サックスです。ゴールドマン・サックスはデリバティブで儲けていますから、資金はウォール街のゴールドマン・サックスに移してデリバティブで儲けるのが一番だよ、というメッセージになるわけです。

それにしても、オフショア取引高第2位のシティが、第1位のウォール街を追い落とすためにパナマ文書を仕掛けたというのならばまだ話はわかりますが、実際は第1位が第2位を蹴り落とすために仕掛けたのがパナマ文書だったのです。

まさに超富裕層こそが「もっとお金が欲しい。もっと儲けたい」という拝金主義に完全に毒された結果でしょう。

超富裕層の強欲が世界を混乱させているのです。

こういった騒ぎはまだまだ続きます。

というのも、ウォール街を敵と名指しして、第45代アメリカ大統領に選出されたドナルド・トランプ氏は早速、財務省長官にゴールドマン・サックスの元幹部のスティーブン・ムニューチン氏を、大統領直属で経済政策を担う国家経済会議の議長には、現ゴールドマン・サックス社長兼COOのゲーリー・コーン氏を指名。米閣僚のトップとなる国務長官はエクソンモービルの会長兼CEOのレックス・ティラーソン氏なのです。

ゴールドマン・サックスは前述したようにジェイ・ロックフェラー氏の持ち物ですし、エクソン・モービルは元スタンダード・オイルであり、同社はロックフェラー家のそもそもの家業です。

ついでに言うなら、商務長官はレバレッジド・バイアウト（LBO）で名を馳《は》せた元N・M・

ロスチャイルド&サンズのウィルバー・ロス氏となります。

トランプ政権はロックフェラーの傀儡《かいらい》政権と言っても過言ではないものであり、どっぷりウォール街に浸かっているのです。

前任者オバマ大統領も、実はそうでした。彼が大統領選挙の公約に掲げていたものは当時問題になっていたCDS（クレジット・デフォルト・スワップ）の禁止でした。AIGが破綻《はたん》し、世界中に金融危機をもたらした、自社のリスクを自社が担保するような違法なCDSを禁止すると明言していたのですが、いまでもCDSには手をつけていません。それどころか、CDSを含むデリバティブのボリュームはオバマ氏になってから急増し、いまやデリバティブの元本は数京円を超えていると計算されます。

つまり、少なくともアメリカに関しては、本物の支配者はオバマ氏でもトランプ氏でもなくゴールドマン・サックスに代表されるウォール街であり、彼らがお金に取り憑かれていることが世界中を拝金主義へと導いているのです。

進むも地獄、退くも地獄のビットコイン

1％の超大金持ちによって支配される世界は、お金持ちがお金に狂う世界です。

この拝金主義の狂気は欧米のお金持ちだけでなく、新興国中国にまで蔓延し、中国の富裕層はいまビットコインのマイニングに狂っています。

マイニングとはビットコインの取引記録を正確に、整合性を持って記帳する作業に加えて、自分の記帳が選ばれるためにわざわざ不要な計算を大量に行うことで勝者を決める競争システムです。

マイニングに成功したと見なされた勝者は、賞品として新規のビットコインを貰《もら》えるのですが、現在、この作業は中国人の富裕層が独占状態です。

なぜ中国人が独占しているのかといえば、人民元以外の通貨を手に入れられるチャンスだからです。国外への持ち出し制限があり、違反すれば処刑される、使いにくい人民元ではなく、自分たちが自由に使える通貨が国にいながらにして貰えるのですから、他国よりもモチベーションは高まるのです。

ただし、ビットコインを得るためにはスーパーコンピューター・クラスのＣＰＵを何百台何千台とつながなければいけません。そのためには当然大きなコストがかかります。ＣＰＵの購入代金もそうですが、実は電気代もバカになりません。

なんと２０１４年の1年間にかかったビットコインのマイニングのための電気代はアイスラン

ド1国分と同じで、ほとんどを中国人富裕層がマイニングのためだけに浪費したのです。

それほど大金をかけてもマイニングの勝者はたった一人。敗者の中国人富裕層は、ムダにサーバーセンターをぶん回していただけでアイスランド1国分の電気量をドブに捨てていたのです。

また、勝者であっても、うかうかしてはいられません。ビットコインの埋蔵量は最初から決まっており、マイニングに成功すればするほど貰える量は減っていくからです。その上、ビットコインの価値は現在少しずつ下がっていますから、将来的には先細りは必至。先行投資に見合った収益は間違いなく得られないことがわかっているのです。

ところが、すでにつぎ込んでしまった投資額が大き過ぎるので、引くに引けない状態になっているのです。進むも地獄、退くも地獄なのが、ビットコインのマイニングの世界なのです。

現在、中国政府はどのタイミングでビットコインを規制するか思案しているといわれていますが、中国の富裕層とは同時に中国共産党の幹部でもあることが多いので簡単には規制がかけられず、相当苦慮しているようです。

これなどは富裕層であるがゆえに、お金に狂ってしまった象徴的な出来事でしょう。まさに、拝金主義の成れの果てです。

2017年1月11日には、中国の中央銀行である中国人民銀行がビットコインの取引所に対し、マネーロンダリングや不正為替取引の疑いがあるとして調査に乗り出したと発表され、ビットコインの価格が急落しました。

オリンピックは集金シンジケート

さて、いま説明したように、世界の拝金主義は、超富裕層たちがお金に狂ってしまったために起こっている出来事なのです。

果たして、これを食い止めることができるのでしょうか？

もしも、止めることができれば、現在の拝金主義世界を変えることも可能ですが、当然ながら簡単ではありません。相当難しいと言ってもいいでしょう。

ただし、可能性がまったくないわけでもありません。

富裕層が仕掛ける拝金主義のひとつでも2つでも破壊することができれば、世界を覆い尽くそうとしている拝金主義の炎の勢いを弱めることができるかもしれないのです。

その破壊できそうなひとつか、2つのうちのひとつがオリンピックではないかと私は思っています。

そもそも、4年に1度の世界的スポーツの祭典といわれるオリンピックは、国際組織として国際オリンピック委員会（ＩＯＣ）があり、下部組織としてＪＯＣ（日本オリンピック委員会）など各国のオリンピック委員会がぶら下がっています。

この組織の特徴は王侯貴族が名誉職として名を連ねており、基本的にＩＯＣ会長は爵位を持っている者ばかりです。ＪＯＣにしても竹田家の当主など旧皇族の名誉職的な意味合いが強いのです。

なぜ、王侯貴族が多いのかといえば、オリンピックが集金のためのシンジケートとして機能しているからで、そういったイメージを払拭《ふっしょく》するためです。

例えば、スポーツの祭典という耳触りのいい謳《うた》い文句の裏側で、放映権料からロゴの使用料、関連商品の開発などお金を生み出す仕組みがかなり洗練されています。近年ではあまりにもお金、お金、お金と言い過ぎて批判されることも多くなっているほどです。

例えば、昨年のリオ五輪では代表選手たちが試合結果などをツイートすると、ＩＯＣは知的財産権の侵害だと言い出し、最悪メダル剝奪《はくだつ》の可能性もあると通知したのです。

なぜ、Twitterごときに目くじらを立てるのかといえば、選手たちがツイートすれば、当然、彼らの個人的なスポンサー企業も「おめでとう」をリツートします。それがオリンピックの名前を使ったアンブッシュ・マーケティング（便乗商法）だとＩＯＣは主張しているのです。

オリンピック関連の知的財産権はオリンピックの公式スポンサーだけが持っており、公式スポンサー以外の企業や個人がTwitter、Facebook、ブログなどでオリンピックを応援すれば、それだけで広告効果が発生する便乗商法だということです。

要は、どんなことであれ、オリンピックを話題にしたければ、IOCにお金を払えと言っているのです。

すでに東京オリンピック関連で想定できるハッシュタグのほとんどがアメリカオリンピック委員会によって商標登録されていますから、彼らの本気度は相当高いでしょう。

本当にスポーツは素晴らしいのか？

こんな話を聞かされれば、普通はオリンピックに対する嫌悪感を持つものですが、多くの人々は運営は運営、競技は競技でまた別と思っています。

IOCのオリンピック運営の仕方が批判されることはあっても、オリンピックそのものを否定することは決してしません。

なぜなら世界中の人々は依然としてオリンピックが大好きで、オリンピックに大きな価値がある、と思っているからです。

実際、オリンピックが始まれば、世界中が自国選手のメダルの獲得に一喜一憂しています。金メダルを取れば狂喜乱舞します。

しかし、よく考えてください。

いくら4年に1度とはいえ、たかがスポーツの大会です。冷静に考えれば国民全体が勝った負けたで騒ぐようなものではないはずです。

であるのに、まるで国家の威信がかかっているかのように熱くなってしまうのは、そこに情報操作があるからです。

オリンピックだけは特別、という刷り込みがなされているのです。

例えば、同じ金メダルであっても、世界選手権の金メダルとオリンピックでは評価の仕方がまるで違ってきます。

世界選手権で何連覇した選手と、たまたまオリンピックだけで金メダルを取った選手と、どっちが知名度、人気度が上かといえば、圧倒的にオリンピックであることは、私たち自身が実感していることでしょう。

オリンピック人気は作られたものなので、実際以上にかさ増しされた価値観を私たちは持たされています。

これは日本におけるサッカー人気も同様です。

Jリーグ発足以前、日本人はサッカーがそれほど好きではありませんでした。野球人気のほうが遥《はる》かに高く、サッカーは好き嫌いの範疇《はんちゅう》外にあるスポーツでした。ところが1993年のJリーグ発足と同時に人気が爆発し、いまに続く国民的スポーツの地位を獲得しました。40代以上の人ならば、サッカーブームが爆発した93年の様子を覚えている人も多いでしょう。一夜にしてサッカー熱が盛り上がった感覚だったはずです。

あれは、明らかに、マスメディアが作り出した人気でした。

もちろんオリンピックのIOCのように、サッカーにもFIFA（国際サッカー連盟）があります。F1にしても陸上競技にしてもラグビーにしても、メジャースポーツには必ず国際組織が存在し、人事はIOCとかぶっています。元IOC理事やIOCとの兼任者が組織のトップや構成員となり、当然ながら彼らは欧米の貴族がほとんどです。

日本におけるスポーツのブームとは、こういったヨーロッパ貴族たちによる組織委員会＝シンジケートが日本にやって来て、そこに電通などの広告代理店がのったときに初めて爆発するのです。

日本人が持つ「スポーツは素晴らしい」という価値観は、ヨーロッパの貴族たちが作った集金シンジケートによって刷り込まれた結果なのです。

領土取りのプロたち

そんなことは、にわかには信じられないというのであれば、別の角度からスポーツとシンジケートのつながりを見てみましょう。

日本発祥の世界的スポーツに柔道があります。

いまや全世界で150万人以上の競技人口を持つ人気スポーツへと発展していますが、柔道の総本山たる日本にはほとんど発言権がありません。本来であれば、柔道発祥の地として尊敬を集め、同時に大きな権力を持ってもおかしくないはずなのに、全日本柔道連盟は国際柔道連盟の単なる下部組織のひとつでしかありません。

このため、日本はルール作りにも参加できないありさまで、カラー柔道衣などは日本が反対したのに正式採用される始末。さすがに日本柔道界も腹を立てたのか、畳に色をつけるカラー道場という案を提出したのですが、こちらはあっさり却下されたといわれています。

いまや、柔道はヨーロッパのスポーツなのです。それはフランスのほうが日本よりも柔道人口が上回っている（日本20万人、フランス60万人）という話以前に、組織の作り方、その目的が違っ

ているこ とが原因です。

日本には集金シンジケートという意識が最初からありません。

世界に普及することがテーマであり、「ボランティアでもいいから柔道という日本の文化を知ってほしい」、こういう崇高な精神を建前でもなんでもなくやってしまうのです。

もしも、日本が集金システムという観点で組織を考えていたら、こうはならなかったでしょう。

世界150万人の頂点に立つ柔道シンジケートとなって巨額のお金を集めていた可能性だってあったのです。もっとも、ここまで柔道が普及することもなかったかもしれませんが。

いずれにせよ、国際柔道連盟はヨーロッパにあり、柔道シンジケートはヨーロッパ人のものになってしまいました。

それは、彼らが領土取りのプロだからです。

領土取りのプロが見つけた新しい領土

王とは何か？

貴族とは何か？

それは、いかにして他人の土地や相手国の領土を奪うかに長《た》けた人間たちのことです。

そして現在、王侯貴族たちはＩＯＣを筆頭とする国際的なスポーツ組織をいくつも作っていることはすでに書きました。領土取りのプロが組織を作ったのですから、その目的は最初から領土の獲得に決まっています。事実、日本は柔道というコンテンツをまるごと取られてしまいました。

彼らは最初から集金シンジケートとして組織を作っているのです。

このことにどういう意味があり、私たちにどういう影響をもたらすのかを理解しておくことは、拝金洗脳から抜け出るためにはとても重要になってきます。

歴史的に言って、ヨーロッパの王侯貴族たちは、これまでずっと他人の土地のぶん捕《ど》り合戦を行ってきた人々でした。

アラブから土地を奪い、アジアを植民地化し、新大陸発見だと言ってネイティブアメリカンから土地を横奪してきたのが彼らです。

しかし、現在の地上で他人からぶん捕れる土地などほとんどありません。

では、彼らは領土取りを諦《あきら》めてしまったのでしょうか？

もちろん、そんなことはありません。

バブル崩壊以降、彼らは誰も手をつけていない新しい土地を見つけたのです。

それが情報空間です。

この空間は無限です。人の欲望を刺激する情報を作り上げて、そこに大量の人を導けばいいからです。大量の人を導けば、自然にそこから大金が湧《わ》きだしてきます。

この情報空間の最たるものがオリンピックです。

4年に1度のスポーツの祭典。人類最高のアスリートを決める至高の大会、国同士が本気で戦っていながら血も流さず戦いのあとには爽《さわ》やかに選手同士が握手する崇高さ、清潔なアマチュアリズムなど、さまざま付加価値がつけられたオリンピックはひとつの巨大な情報空間です。

こういった付加価値があるからこそ、選手たちは賞金もないのに出場し、見ている私たちも熱狂するのです。

オリンピックが凄《すご》いのではなく、オリンピックという価値を作り上げたことが凄いのであり、その価値を世界の人々が共有していることが凄いのです。

そして、だからこそ、大金が生みだされるのです。

現代の領土は情報空間にあったのです。

戦争とは何か?

それは領土の奪い合いという言い方もできますが、突き詰めて考えれば利権の奪い合いです。

となれば、利権さえ奪うことができれば領土などいらないのです。

巨大利権はいま情報空間に移っていますから、情報空間を制したものが利権を奪えるのです。

では、情報空間の利権を奪うためには何が必要でしょうか？

物理的領土を奪うためには兵器が必要でしたが、情報空間で武器になるのは当然ながら情報です。

自分が流した情報が相手に価値あるものとして認識されること。それが武力となるのです。

もともとは不人気イベントだったオリンピック

ところで、オリンピックが世界的な人気イベントになったのはロサンゼルス五輪がきっかけだったことを皆さんはご存じでしょうか？

実は、ロサンゼルス大会以前のオリンピックは開催都市の持ち出し金が多く、どこの都市も見向きもしない不人気なイベントだったのです。事実、ロサンゼルス大会で立候補したのはロサンゼルス市、たった1市だけでした。

ところが、ロサンゼルス市は、一計を案じてこの不人気イベントを一大人気イベントに仕立て上げたのです。

その一計こそが商業主義でした。

テレビの放映権料をこれまでの3倍以上につり上げ、公式スポンサーも各業界で1社に絞って付加価値を高めたのです。

これが功を奏し、放映権料は450億円にも上り、スポンサー料も多額になって、なんとロサンゼルス市は1セントの税金も使わず、400億円の収益を上げることに成功したのです。

これをきっかけにオリンピックは様変わりしました。こんなに儲かるならばと、我も我もと開催地に名乗りを挙げ、現在の候補地合戦が展開されるようになったのです。

一方、儲かる商売であることがわかったIOCも、積極的にオリンピックというコンテンツの確立を目指していくようになります。

広告代理店と手を組み、メディアを操作して、オリンピック精神の素晴らしさ、選手たちの崇高さや努力を謳い上げるようになったのです。

黙っていても我利我利亡者が集まってくるシステムの完成

オリンピックもここまではまだ良かったのです。

開催地に選ばれれば、その都市にお金の雨を降らせる、レインメーカーとして機能していたからです。

ところが、オリンピックが都市を潤したのは最初だけで、あっという間に拝金主義のイベントに堕してしまったのです。

それは東京オリンピックを見ればすぐに理解できるでしょう。

ロサンゼルス市のように本来の意味の商業イベントにすれば、税金も使わず、開催地が潤うことも可能です。ところが、東京都や国は2兆円を超えるともいわれる税金を湯水のように投入しようとしています。

これは誰かが、不正に儲けようとしているためです。

実際、東京オリンピックの招致委員会は、電通を通じてIOCに影響力を持つ人間に2億円の賄賂《わいろ》を贈って事件になっています。賄賂を使うのはそれ以上に儲かると踏んでいる人間がいるからです。

オリンピックは本来アマチュアスポーツの祭典です。そして、アマチュア精神の基本はフェアネスです。体育というだけでなく、フェアに行動することがいかに重要なのかという、人の生き方を教える場でもあるから4年に1度のアマチュアスポーツの祭典に意味があるのです。

「普段はアンフェアなことをしている私ですが、オリンピック委員に選ばれたからには死んでもフェアにやらせてもらいます」というのがオリンピック精神のはずです。

それがどうでしょうか？

現在のオリンピックは賄賂が横行し、本来ならば黙っていても儲かるはずなのに税金を投入して、庶民を苦しめています。

こんなイベントのどこにやる価値があるのでしょうか？

現在のオリンピックは〝オリンピック〟という名の商品を持ち回りで売り歩いているだけであり、持ち回りの権利を得た人間や企業が大金を手にできる、登録商標というだけなのです。

しかし、だからこそ、超富裕層にとっては意味があるのです。

黙っていても我利我利亡者どもが寄ってくるシステムが、ここに完成したからです。

オリンピックを否定することが脱洗脳の第一歩

重ねて言いますが、現在のオリンピックにやる価値などありません。

スポーツの祭典が見たければ世界選手権で十分です。

選手の素晴らしい技術も精神力も、国の威信を懸けた戦いにしても、オリンピック以外のイベントで十分に味わうことは可能です。

オリンピックだけは特別、オリンピックがスポーツの頂点という思い込みこそが拝金主義洗脳につながる道なのです。

逆にいえば、これを打ち破ることが、超富裕層が仕掛けた拝金主義洗脳を壊すことでもあるのです。

脱オリンピック。これこそが、脱拝金主義のきっかけだと私は思っています。

といっても「オリンピック選手を凄いと思わないようにする」なんてことを言いたいのではありません。

オリンピック選手を素晴らしいと思うのは自然です。そういった自然な気持ちを否定する必要はまったくありません。

そうではなく、私がやってほしいのは、オリンピックもごく普通のスポーツイベントだと冷静に理解することなのです。

オリンピックには魔物が住んでいるだとか、参加することに意義があるだとか、そんなことに意味などないとちゃんとわかって楽しむ姿勢を身に付けてほしいのです。

そうすれば、必要以上に金メダルを神格化することもなくなります。

オリンピック選手が、政治家に向いているという見方もなくなるでしょう。

拝金洗脳を解くきっかけにもなっていきます。

国民をバカにするカッシーノという造語

洗脳というものは一旦《いったん》、解け始めてしまえば雪崩《なだれ》をうつように瓦解《がかい》することもあります。

もしも、本書を読んでオリンピック洗脳が解けたと感じたならば、もうひとつ解くためのきっかけをご紹介しましょう。

それは「カッシーノ」です。

これは電通が昨年の4月に登録商標として出願したカジノの新名称のことです。

なぜ新名称が必要なのかといえば、

『マスメディアで目にする「カジノ」という単語が醸し出す印象は、「賭博《とばく》」、「危険」、「ギャンブル」、「マフィア・暴力団」、「マネロン（マネー・ローンダリング）」、「依存症」という負のイメージと結びつけられ、一般国民に受け入れられにくくなっています』（電通からの提言『カジノIRジャパン』より）

というものだそうで、そんな負のイメージを払拭《ふっしょく》するために新たに提案するのがカッシーノという名称なのです。

『わが国では、Casinoについて「カジノ」という用語を用いるのが通例ですが、これは、フランス語の発音「キャズィノ」に近いものです。

しかしながら、世界で最もポピュラーな英語での発音は「kəsí:nou」であり、「カッシーノ」と発音するのが実は一番正しく、原音に近いものです。

「カッシーノ」は新しい造語ではありません。作家の浅田次郎氏が、海外のカジノを題材にした「カッシーノ!」という題名の書籍を出しています。多くの日本人にとって「カッシーノ」という用語の語感には、「優しさ」、「リゾート」、「軽快、マイルド」、「イタリアン、地中海」、「ファッショナブル」、「オシャレ」という明るいイメージをもたらすのではないでしょうか?

そこで、合法化を大きな転機として、我々は「カッシーノ」という用語を用いることを提唱いたします。「カジノ」という言葉が醸し出す、これまでの暗い負のイメージから脱皮するだけでも新鮮であると考えられます。

と同時に、国が目指す全く新しい事業であることを国民によりわかりやすく、かつ親しみやすい言葉として育てていきたいと考えます』

電通の言葉をそのまま引用しましたが、どうでしょうか?

カッシーノに明るいイメージを受けますか?

多くの人にとっては「バカにするのもいい加減にしろ」というものでしょう。「そんなものでカジノのイメージが変わってカジノ法に賛成するとでも思っているのか」と。

たぶん、カッシーノという造語は一度も日の目を見ないで終わることになるでしょう。昨年末、自民党の強行採決でカジノ法が国会を通過しているので、いまさらこんなこざかしい方法を取る必要はありません。

ただし、覚えておいてほしいのは、電通を筆頭とする拝金メディアたちの傲慢《ごうまん》さと厚顔さです。彼らはお金の力さえあれば物事は簡単に動くと心の底から思っているのです。お金さえあれば、こんな薄っぺらな言葉でもカジノという言葉の書き換えは可能であると。

私たちはそこまで彼らにバカにされているのです。

カジノという言葉を見かけたら、カッシーノという言葉をぜひ思い出してください。

そして一人でも多くの人に伝えて、「奴らにバカにされるのはもうおしまいにしよう」と言ってほしいのです。

それが現在の拝金主義洗脳を打ち破るきっかけになるからです。

洗脳は逆手に取れ

現代の陣取り合戦はバーチャル空間＝情報空間に移っています。

そして情報空間の武器は情報であり、具体的に言えば、言葉です。

実は、言葉こそが、いま最大の武器になっているのです。

ですから、メディアが仕掛ける情報操作は怖いのです。

メディアを使った言葉の意味のすり替え、書き換えを行うことで、洗脳者たちは大衆を操作しようとするのです。

そのやり方はカジノをカッシーノに言い換えるようにとても安易なものが多いのですが、彼らは多くのチャンネルを持っています。メディアを支配し、政治家を操り、官僚たちを意のままに動かします。さまざまな方向から何度も繰り返しアナウンスされたら、人々は「彼らの言うことは正しいのかな」と次第に思い始めてしまいます。

情報を遮断してエセ情報を刷り込む手法は言うまでもなく洗脳です。

1%の富裕層たちは、私たちの耳と目を支配して見えるものを変えているのです。

しかし、これを逆手に取ることだって可能です。

例えば、先ほど紹介したように、カジノという言葉とカッシーノという言葉をセットにすることで、逆に洗脳が解ける仕組みを作ることができるからです。

実は洗脳は、注意深く言葉の意味を吟味する習慣さえつけてしまえば防ぐことも可能なのです。

第3章
洗脳法

よ〜く考えよう、お金は大事だよ

10年ほど前になるでしょうか。

アフラックの医療保険のＣＭソングで「よ〜く考えよう、お金は大事だよ」というものがありました。

とても印象的な歌詞とメロディで覚えている人も多いでしょう。

しかし、このＣＭは根本的に間違っています。医療保険とはそもそも「身体を大事」にするために入るもので、そのためにお金を〝払う〟のです。「お金が大事」だと思ったら、保険に入る道は選ばないでしょう。

日本には高額療養費制度もありますから、「お金は大事」だと思って少し調べてみれば、民間医療保険の必要などないこともわかります。

このＣＭは完全に印象操作なのです。

「お金は大事だよな、じゃあ、お金を払って保険に入っておくか」

こういった本末転倒の行動を人に起こさせてしまうことが洗脳なのです。

こんなことを誰が仕掛けているのかを第1章、第2章で書いてきたわけですが、本章ではなぜ、こんな本末転倒な行動を人は起こしてしまうのか、洗脳のメカニズムについて解説していきましょう。

なぜ、人は洗脳されるのかを知ってしまえば脱洗脳は容易なのですから。

網様体賦活系＝Reticular Activating System

私たちは自分の見ている世界が現実で、目の前の世界は正しいと思っています。しかし、それは大きな錯覚です。

私たちは誰一人として現実世界など見ていないのです。自分が見たいと思っているもの、重要だと判断したものしか見えていません。

というのも、人間の脳の基底部に網様体賦活系（ＲＡＳ＝Reticular Activating System）という、不要な情報をフィルターするシステムがあり、ＲＡＳは特定の情報（例えば自分の趣味に関する情報など）だけを抜き出して、あとは認識にあげないようにしているからです。

ですから、男性は妻が妊娠すると妊婦が街に多いことに気づくのです。当然ながら突如妊娠ブームが起きたわけではありません。彼の妻が妊娠する前から街には妊婦が多かったのです。

ところが、妊娠に関する事柄に男性は無関心ですから気がつかないのです。目の前に妊婦がいてもわからないし、マタニティマークをさげた女性がいても、そのマークが目に入りません。自分の妻が妊娠し、妊娠に類することに興味を持ったことで初めて、それが〝見える〟ようになるのです。

人は、「これが大事だ」と思わなければ、認識できないのです。

RASがあるから洗脳される

その最も有名な例がカクテル・パーティー効果と呼ばれるものです。

カクテル・パーティーでは多くの人が同時にさまざまなことをしゃべっています。横の2人、後ろのグループなどがまったく違う話題を話しているのが普通です。そんな喧騒《けんそう》の中でも私たちは目の前の人との会話が成立するのは、不要な情報を遮断しているからです。

もちろん、周りの会話は耳には入ってきますし、人々の動きも見えます。しかし、それを認識するかどうかはRASにおける重要度が判断し、重要でなければ情報として入ってきても意識にはあげないのです。逆に何でもかんでも意識にあげてしまったら、わずらわしくて会話など成立しません。

そもそも人の世界は情報の渦です。目に見えるもの、聴こえるものをすべて認識していたら、とてもではありませんが生活などできないでしょう。

重要ではないものは見ているようで見ていない。大した話でなければ聞き流す。こういったことをしていかなければ脳の情報処理は追いつかないのです。

ですから、その情報が重要かどうかの取捨選択は、人が生きていく上で、なくてはならない機能となります。

ところが、ＲＡＳのこの機能こそが人を洗脳に導いてしまうのです。

重要な情報を認識する能力があるがゆえ、人は重要な情報を見逃してしまうのです。

ＲＡＳが作るスコトーマ

眼科の用語にスコトーマというものがあります。

意味は盲点ですが、ＲＡＳが機能すればするほどスコトーマが生まれてしまいます。

重要度が高い情報だけを拾い出すということは、それ以外は捨ててしまうことを意味します。

もしも、捨てた情報の中に、新発見や新事実があったらどうしますか？

もしも、ＲＡＳの重要度の判断が古くなったらどうしますか？

つまり、あるものが重要だと思い込むことは、同時に新しい情報が見えなくなってしまうことでもあります。自分からスコトーマを作ってしまう危険があるのです。

これで思い出したのが拙著『英語は逆から学べ！』を出版したときのことです。この本は英語の学習法として英文法を覚えることや単語の暗記を否定した本です。それゆえに多くの批判者が現れましたが、批判者には大別して2つのタイプがありました。「この本に書いてあることは間違っている」というものと「こんなことは当たり前のこと。どの本にも書いてある」という矛盾したものでした。

〝間違っている派〟は自分がこれまで学んできた文法や暗記法を根こそぎ否定されたことで怒っているようでした。当然ですが、本の中にはなぜ文法がいらないのか、暗記は必要ないのかが書いてあります。しかし、〝間違っている派〟にはそれが目に入ってこないのです。

一方、〝こんなことは当たり前派〟は逆に自分たちが知っているところだけを読んでしまって、それ以外の部分は目に入っていないのです。そもそも文法や暗記を否定するのは決して当たり前のことではありません。多くの英会話の本では、暗記や文法を推奨しています。

しかし、私の本では文法や暗記がなぜ不要なのかを納得できるように書いてありますから、読めば「それはそうだ。こんなことは前から知っている」となってしまうのです。

私たちは、一旦あるものを重要だと認識すれば、それに関する情報を積極的に取り込んでいきます。その反面、不要だと思った瞬間、自分にとって大切だったかもしれない情報まで捨ててしまうのです。

新しい知識や反対意見を吸収できなくなってしまいます。

情報の真《ま》っ只中《ただなか》にいながら、なぜ情報遮断されてしまうのか?

つまり、RASは諸刃《もろは》の剣《つるぎ》なのです。

何かを重要だと思うことは、その重要な情報を積極的に収集できるようになると同時に、その他の情報は見えなくしてしまうことでもあります。

洗脳者側にとってこんな便利なことはありません。

一度「これが重要だ」と刷り込んでしまえば、洗脳者側はもう何もしなくてもいいのです。何しろ、被洗脳者は、重要だと判断した情報以外は見ようともしなくなる上、新たな知識を得ようともしません。ましてや、それに反する情報が出てきたらロクに吟味もせずに反対するか、無視するようになります。黙っていても洗脳は深化していきます。

第1章で洗脳は情報遮断を使うと書きましたが、情報の真っ只中にいる現代人になぜ情報遮断が成立するのかといえば、自分で情報をシャットアウトするからです。

ですから、私たちが洗脳されないようにするためには、何かを簡単に重要だと思わないことです。常に批判的な目を持ち、メディアの言うことも鵜呑《うの》みにしないことが大切です。

とはいえ、です。

そう言われて直ちに実践できるのであれば何の苦労も要りませんし、洗脳される人もいなくなるでしょう。

ほとんどの人が批判的な目で情報を見ることができず、メディアの言うことを鵜呑みにしてしまうから世界の至る所で拝金主義が横行しているのです。

洗脳されることに慣れている私たち

私たちが批判的に物事を見ることができない理由は洗脳されることに慣れていることに起因します。

ここで、「いやいや、私はこれまで一度も洗脳されたことがない」と思ったら、要注意です。事実はその逆で私たちは誰でも洗脳経験者ですし、洗脳されることで成長してきたと言っても過言ではないくらいなのです。

実は、私たちにとって最も身近な洗脳者は親であり、洗脳機関は学校です。

教育こそが私たちが最初に経験する洗脳になります。

覚えているでしょうか？　本書の冒頭部分で、「私たちは洗脳から逃れることは絶対にできないのです」と書きました。

それは私たちが洗脳されることによって人格を形成してきたからです。親からの洗脳、教師からの洗脳、社会からの洗脳によって私たちは人間社会における生き方を学んできました。

勉強しなさい。社会のルールを守りなさい。働きなさい。人には優しくしなさい、などなど。

こういったことが重要だと刷り込まれることで、私たちは社会生活を円滑に進めることができるようになります。人間社会のほうでも構成員の一人ひとりが社会のルールを覚えてくれることで初めて成り立ちます。

もちろん、これは悪いことではありません。

しかし、一人の人間をルールが遵守できるように仕立てあげることは基本的に洗脳と変わりません。

では、洗脳と教育を分ける境目は何でしょうか？

それは本人の利益になっているか、本人以外の第三者の利益になっているか、です。情報操作の結果が本人にとって利益となるのであれば洗脳とは言わず、教育となるわけです。

ただし、やり方そのものは教育も洗脳も大差ありませんから、私たちが洗脳経験者であることは動かしがたい事実なのです。

官僚は洗脳されやすい

ところで、日本の社会では、大人の言うことをしっかり聞いてよく勉強し、良い成績を上げた子供がいわゆる一流大学、一流企業に入ります。

いまだったら東大から高級官僚が理想のルートでしょう。

彼らは全員勉強がよくできた人たちです。

しかし、だからこそ大きな問題がひとつ生じてしまうのです。

先ほども言ったように教育と洗脳は受益者が違うだけで方法論そのものは同じです。ということは、勉強がよくできる子供は、洗脳にもよく反応することになります。メソッドが同じなのですから、当然です。現に、オウム真理教の信者は一流大学出が多かったのですから。

また、私の催眠術協会役員としての経験でもそれは言えます。

私は日本催眠術協会の代表理事であり、長年催眠現象を研究してきました。協会幹部の被験者を統計的に見ると官僚たちはとても催眠にかかりやすい人々です。

郵便はがき

料金受取人払郵便

牛込局承認

9026

差出有効期間
2025年8月
19日まで
切手はいりません

162-8790

東京都新宿区矢来町114番地
神楽坂高橋ビル5F

株式会社ビジネス社

愛読者係 行

ご住所 〒 TEL: ( ) FAX: ( )		
フリガナ お名前	年齢	性別 男・女
ご職業	メールアドレスまたはFAX メールまたはFAXによる新刊案内をご希望の方は、ご記入下さい。	
お買い上げ日・書店名 年 月 日 市区町村 書店		

ご購読ありがとうございました。今後の出版企画の参考に致したいと存じますので、ぜひご意見をお聞かせください。

書籍名

お買い求めの動機

1　書店で見て　　2　新聞広告（紙名　　　　　　　　　　　）

3　書評・新刊紹介（掲載紙名　　　　　　　　　　　　　）

4　知人・同僚のすすめ　　5　上司、先生のすすめ　　6　その他

本書の装幀（カバー），デザインなどに関するご感想

1　洒落ていた　　2　めだっていた　　3　タイトルがよい

4　まあまあ　　5　よくない　　6　その他(　　　　　　　　　　)

本書の定価についてご意見をお聞かせください

1　高い　　2　安い　　3　手ごろ　　4　その他(　　　　　　　　　　)

本書についてご意見をお聞かせください

どんな出版をご希望ですか（著者、テーマなど）

実は催眠と洗脳は、教育と洗脳以上に技術的な部分でかぶるところが多々あります。被催眠者が術者の意のままに動くのは、術者に洗脳されているからだ、ともいえるということです。

では、なぜ、官僚たちは洗脳や催眠にかかりやすいのでしょうか?

それは、勉強するときに変性意識状態に入っているためです。変性意識をわかりやすい言葉でいうと、勉強に集中している状態です。寝食を忘れて勉強に没頭するとき、人は誰でも変性意識状態になっています。

そして、この状態は学習効率を飛躍的に高めます。変性意識状態は、あることを重要だと脳に刷り込むときにとても適しているということです。

子供時代から勉強をたっぷりやってきた官僚たちは、普通の人よりも変性意識状態に入るのがうまかったから勉強ができるようになったのです。しかし、このことが逆に洗脳者たちに悪用されるのです。

勉強は自己催眠

そもそも変性意識には深度があり、浅く入ることなら誰でも簡単にできます。しかし、東大に入ったり、官僚になるぐらいの勉強レベルになると、自己催眠によって深い変性意識状態になることが必要となります。

といっても、東大生たちが勉強のために自己催眠を習ったというわけではありません。長年の勉強の過程で自然に習得していったのです。

彼らは集中力を高めるための変性意識状態、記憶力を上げるための変性意識状態に一瞬でなれるから、勉強効率が上がって受験を勝ち抜けたのです。

もちろん、受験を勝ち抜いたことは決して悪いことではありません。彼らの努力が実ったのですから、喜ばしいことでしょう。

ただし、催眠の特性上、一度でも催眠術にかかった人は、次から容易に術をかけることが可能になるのです。

このことは洗脳者にとってとても有利です。何しろ、催眠は洗脳の初期状態で重要な要因のひとつです。一度でも催眠状態になった人間は、洗脳状態にするのも容易になります。

私がオウム信者たちを脱洗脳したときもそうでした。オウムの幹部たちは皆、ヨーガの修行で自己催眠を習得していましたから、彼らの変性意識に介入して脱洗脳するのはそれこそ一瞬でできました。

つまり、官僚たちは受験勉強という自己催眠の経験者ですから、洗脳をするのも難しいことではないのです。

その上、受験勉強は基本的に暗記であることも洗脳しやすさを増大させています。そもそも暗記とは言語情報の構築ですから、受験勉強の勝者である東大生、官僚は高い言語情報の構築能力を持っています。しかし、それは言葉による情報操作に弱いということでもあります。

日本催眠術協会の理事である南裕氏は言語系の催眠を得意としますが、「東大生に催眠をかけて外したことはない」と語っていました。

現代日本の大問題

勉強をずっとしてきた官僚たちは洗脳されやすいのです。

それは勉強ばかりで世間のことを知らないからだということではなく、教育システムそのものが洗脳システムであり、そこで勝者となってきたためですから当然の帰結です。

オウム事件のときも、なぜ、超一流大学出の人間がやすやすとカルトにハマってしまうのか、不思議に思われていました。

しかし、答えは逆で、超一流大出の彼らだからこそ、簡単に洗脳されてしまったのです。

そしてこのことは、「現代の日本」と「これからの日本」にとって大きな問題となってきます。

まず「現代の日本の問題点」となるのは官僚たちが洗脳にハマりやすいことです。これは日本が簡単に洗脳にハマることを意味します。

何しろ、いまの日本を現実的に動かしているのは官僚たちです。彼らが政策を決め、外国と交渉しているのですから。

経済界を動かしているのも彼らです。

日本の銀行は財務省が管轄し、企業は経済産業省の管轄です。経産省では業界ごとに課があって、IT業界でいえば情報処理振興課になりますが、日本のすべてのソフトウエア会社の社長よりも情報処理振興課の課長のほうがヒエラルキー的に偉いのです。

ですから普段は30代ぐらいの課長補佐が主な会社の社長のところを回って調整し、折にふれて課長と食事をするといったことで日本の経済界は動いています。もしも局長が出てくるなんてことになれば業界中がひれ伏すようなオオゴトなのです。これは銀行業界も同じです。

日本は官僚が動かしています。

その官僚が洗脳されやすいというのは大問題でしょう。

そして、本人たちがそう思っていないことがさらに大きな問題です。

洗脳されやすい日本の子供たち

一方、「これからの日本の問題点」はお受験が加速していることです。

いまの子供たちは幼稚園受験、小学校受験、中学校受験と受験漬けです。学校のほかに塾通いが当然となり、同じ小学生でも塾に行くか行かないかで学んでいることがまるで違ったりします。塾通いにはお金がかかりますから、結局、お金持ちでなければ、いい教育を受けられないといった教育格差も広がっています。

前述したように受験システムは洗脳システムでもありますから、こういった状況になればなるほど親も子供も洗脳されやすくなります。しかも、受験システムの中にはお金がなければいい教育が受けられないといった拝金主義まで含まれています。

そこにどっぷり浸かってしまった親と子供たちはたっぷり拝金洗脳をほどこされてしまう可能性が高いでしょう。

日本の将来を担うはずの子供たちがこれまで以上に洗脳されやすくなり、あまつさえ、子供のときから拝金主義に染まってしまうことが日本の将来にとって絶対にいいわけがありません。

こういった状況をいかにして変えていけばいいのでしょうか?

どうすれば、日本の現在と未来を明るいものに変えていくことができるのでしょうか？

洗脳は洗脳を意識するだけで防御が可能になる

実は、いまの日本の洗脳社会を変えることはそれほど難しいことではありません。もちろん、簡単ではありませんが、たぶん、皆さんが思っているほどに絶望的ではないのです。

というのも、洗脳は、洗脳を意識してしまえば防御できるからです。

先ほど催眠のところで、一度催眠を体験した人のほうが術者は催眠をかけやすくなるという話をしました。

では、催眠術者はどうでしょうか？

術者は催眠にかかりにくく、洗脳されにくいのかというと、そんなことはありません。催眠術者とは普通の人よりも催眠との親和性が高い人々です。何しろ、それをなりわいにし、いつもそのことを考えているのですから当然です。しかも、良い術者になるためには、良い被催眠術者であることが必須《ひっす》です。

つまり、催眠術者はとても催眠にかかりやすいのです。

しかし、その一方で催眠術者ぐらい催眠にかかりにくい人々もいません。

これはどういうことかといえば、自分でコントロールができるということです。詳しいことは私の電子書籍『潜在能力を最高レベルに引き出す変性意識入門～催眠編～』を読んでほしいのですが、術者は催眠にかかろうと思えば、すぐにかかることができる一方、催眠そのものをよく理解していますから防ごうと思えば簡単にできてしまうのです。

ということは、催眠と同じ技術を持つ洗脳もそうなのです。

洗脳をよく知ってしまえばたとえ被洗脳グセがついていたとしても防御できます。逆に被洗脳グセがついているからこそ、洗脳防御がうまくなるといってもいいでしょう。

変性意識状態

では、洗脳のメカニズムとは何でしょうか？

私たちはなぜ洗脳されてしまうのでしょうか？

それには変性意識が関係してきます。

先ほども少し解説した変性意識ですが、これは目の前の世界とは別の世界に臨場感が移っている状態のことを言います。

わかりやすく言えば、小説を読んだり、映画を見たときです。ストーリーに夢中になるあまり泣いてしまったり、怒ったり、笑ったりしたことはありませんか?

そんなとき、あなたの意識は完全に小説や映画の世界に没入しています。この没入状態が変性意識状態です。

といっても、泣くほど感動しなければ変性意識状態と呼ばないか、というとそうではありません。ちょっとした考えごと程度でも変性意識状態といえるのです。

例えば、私がいま「昨日の晩ごはんは何でしたか?」と質問したら、皆さんはどうしますか?

ちょっと小首をかしげて「何だっけ?」と思い出そうとするはずです。

実はこの「何だっけ?」と過去を思い出そうとした瞬間、変性意識状態に入っています。

過去の記憶を探ったということは、目の前の事象から意識が外れて記憶の世界、つまり情報空間に入ったことになります。現実から情報空間に意識が移ったということは変性意識状態になったということです。

変性意識状態になったとき、人は情報操作をされやすくなります。

なぜなら、変性意識状態とは曖昧《あいまい》な状態でもあるからです。

例えば、「昨日の晩ごはんは何ですか」と質問をされて「何だっけ?」となっているときに「ラーメンだったんじゃない?」と言われたら、「ん? そうだったかな?」となりませんか?

もちろん、「〇〇を食べた」とハッキリ言えるときもあるでしょうが、大抵の場合はわからないことのほうが多いでしょう。洗脳者側とすれば、そんなときこそ、情報の書き換えのチャンスなのです。

変性意識状態では意識が情報空間にありますから書き換えが可能なのです。

テレビは簡単便利なわりに絶大な効果を持つ洗脳マシン

人間は皆、変性意識状態を経験していますし、そういった状態になることも難しいことではありません。

そもそも、誰もが簡単に変性意識状態になることができなければ大衆操作などできません。

洗脳者はそれを利用して私たちに洗脳を仕掛けてくるのです。

そこで改めて考えていただきたいのがテレビです。

本書の最初のところでテレビのＣＭは洗脳だと書きましたが、テレビから流れてくる映像は、映画と同じで人を現実世界から想像の世界へと導きます。

想像の世界に入ると人はどうなるでしょうか？

現実では決して起こり得ないことも簡単に受け入れてしまうようになります。

実際、映画の中で巨大なゴリラが暴れまわったり、宇宙人が出てきても私たちは普通に受け入れます。もちろんそれは架空の世界であるとわかっているからですが、わかっていながら巨大ゴリラに恐怖して鳥肌を立てたり、ストーリーに感動して涙を流したりします。架空だとわかっていながら、身体は反応してしまうのです。

言い換えれば、映像から与えられた情報によって、人間の身体という現実世界が書き換えられてしまっています。

情報空間からの刺激によって現実世界が影響を受けるのです。

テレビの場合はもっとストレートです。直接、情報そのものを刷り込んでくるのです。

そのいい例が情報番組やテレビショッピングです。一昔前、朝の情報番組でバナナが健康にいい、コーヒーが長寿の秘訣などといった内容を放送すると、翌日にはスーパーマーケットからバナナやコーヒーが売り切れてしまう現象が起きました。

これは明らかに情報操作であり、洗脳ですが、視聴者の意識はまったく違います。「新しい情報を得られた」「お得な話を知った」というもので、自分が情報操作されているなど、まったく思っていません。

しかし、疑いようもなく、それは洗脳で、私たちはとてもイージーに洗脳を受け入れているのです。

テレビを使った大衆操作はとても効果的であり、洗脳者側にとってテレビは簡単便利な洗脳マシンなのです。

誰もが持っている現実を書き換える力

私たちはなぜこれほどテレビに弱いのか、といえば、テレビが信用できる情報源だと思い込んでいるからもありますが、テレビは長時間臨場感空間を支配する媒体だからです。

東京大学の教授が公共の電波を使って言っているのだから、ウソを言うはずがない。ＮＨＫが国民に対してウソを言うはずがない。こんなふうに思い込んでいるから弱いのです。

３・11以降、テレビに対する信用度はガタ落ちになりましたが、10年ほど前は、「だって、昨日テレビで言ってたから」という言葉ひとつで説明できてしまった時代があったのです。絶大な信用があったのですから洗脳など簡単にできたのです。

もうひとつ重要なことは、私たちは基本的に映像に弱いということです。

映像に弱いという意味は、映像の影響を受けて、簡単に〝現実〟を書き換えてしまうということです。

例えば、映像を見ているときの私たちの状況を考えてみましょう。

現実の状況は映画であれば映画館の中であり、テレビであればリビングに座っているでしょう。ところが、身体の〝現実〟は、スクリーンや画面から与えられた情報に反応しています。だから、手に汗を握ったり、驚いて心臓がドキドキしたりするのです。

これはホメオスタシス同調と呼ばれるもので人間の身体は外界の状況に合わせて自然に反応します。暑かったら汗をかき、寒ければ鳥肌を立てて体温維持をはかります。

このホメオスタシスの同調作用は多くの動物が持っていますが、外界だけでなく、自分が想像した世界に対してまで反応するのは人間だけです。

想像世界にまでホメオスタシス同調を拡張できる人類は、この能力によって〝現実〟を書き換える力を獲得したのです。

洗脳がらみの取材などで、よく「なぜ、人は洗脳されてしまうんですか。他人の言いなりになってしまうのですか」といった質問をされるのですが、その答えは、人間にはもともと〝現実〟を書き換える想像力があるからです。

この〝現実〟を書き換える想像力があるからこそ、人は洗脳に弱いのです。

現実にあるもの

最後にもうひとつ、人が洗脳されるポイントを紹介しましょう。

それはリアリティです。

何度も説明していますが、映画を見ている間の私たちは変性意識状態であり、そこで展開されるストーリーに夢中になることで、〝現実〟を書き換えられています。

しかし、映画が終わり、映画館を一歩外に出れば、正気に戻ります。いくら『スター・ウォーズ』に夢中になったからといっても、フォースの力を使って、ものを動かそうなどとはあまり思いません。

その一方で、『燃えよドラゴン』などのカンフー映画を見たあとはどうでしょうか?

男子は特にそうですが、むやみに突きを打ち、足を高く蹴りあげてみたくなります。数日後、空手道場に入って身体を鍛え始めてしまう人も出てくるでしょう。身体反応だけでなく、現実の生活まで変わってしまうこともあります。

同じ映像というジャンルなのに、この違いはどこにあるのか、というとリアリティの差です。

カンフーは現実の世界に実在するものですが、フォースはありません。この差が大きいのです。

オウム真理教の入り口も実はここにありました。

信者たちはスピリチャルに傾倒していましたから、麻原彰晃《あさはらしょうこう》が行った空中クンバカなど、一見超人的に見える写真は強烈な刺激でした。「こんな凄《すご》いことができる人間がいる。しかも日本にいる！」といったリアリティが信者たちを動かしたのです。

情報番組を見て、バナナやコーヒーが売り切れになったのも同じ理由です。

情報操作だけではそう簡単に洗脳はされません。いえ、洗脳はされるのですが、対象物が現実にないと行動を起こすことができず、結果的としても洗脳が起きにくいのです。

『スター・ウォーズ』と『燃えよドラゴン』との違いもここでした。

『スター・ウォーズ』があまり行動を促《うなが》さないのは現実的な行動として起こせるのがコスプレぐらいだからです。

一方、『燃えよドラゴン』の場合は、行動の選択肢がいくつもあります。コスプレもそうですし、ヌンチャクを買ってきて振り回すこともできますし、道場に入門するという道もあります。

もしも、映画館の目の前に道場があれば、つい入門してしまう人もいたはずです。

このように、その気になったときに現実的な行動が起こせるものがあることが洗脳には重要です。

１９７０年代、極真空手は一大空手ブームを巻き起こしています。極真空手の総裁大山倍達《おおやまますたつ》を主人公とする空手漫画『空手バカ一代（空バカ）』が少年漫画誌で連載されると池袋にあった極真会館には毎日２００人の入門者が殺到したのです。

故・梶原一騎が原作を担当した『空バカ』は、私がいま言った洗脳のテクニックが至る所に仕込まれていますから、機会があれば読んでみるといいでしょう。

ともかく、洗脳とは人を変性意識状態にして情報の書き換えを行い、洗脳者の望む選択肢に導くことです。

そのための方法論は私たちが「洗脳」という言葉から思い描く特殊性、非日常性とは異なり、ごく当たり前の手法の積み重ねであることのほうが多いのです。

ですから、洗脳は気づいてしまえばいいのです。「これは洗脳手法だね」とわかってしまうだけで、洗脳は簡単に解けてしまうものなのです。

とはいっても、なかなか実感がわかない読者のほうが多いでしょう。

ですので、これから、脱洗脳に成功した人たちの実際の証言を読んでもらいましょう。

紹介する２人は、オウム真理教の元信者です。

彼らのプロフィールに軽く触れておくと、一人目の女性のほうは、サマナと呼ばれた出家信者で上九一色村《かみくいっしき》のサティアンでの生活体験も持っています。ただし、幹部ではなく、一般的な信者で脱洗脳は私がしました。

もう一人の野田成人氏は正悟師という位の幹部であり、オウム真理教が解体したあとにできたアーレフという新興宗教団体の元代表です。最初の女性が洗脳される側にいた人ならば、野田氏は洗脳する側にいた人という言い方もできるかもしれません。ちなみに、野田氏は自然に洗脳が解けてしまった自ら〝気づいた〟タイプです。

彼らの話から洗脳の実態や、その方法論、脱洗脳法までを感じとってください。

特別章

オウム信者の証言

女性信者Sさんの場合

高校2年で入信

私がオウムに入ったのは高校2年の時です。

部活の人間関係で悩んでいたときに本屋さんで麻原彰晃『秘密の開発法「超能力」』とか、『生死を超える』を見つけて、「私が求めている世界はこれだ。自分はここに一生を捧げるんだ」って閃《ひらめ》いてしまったんです。

ちょうど家の近くにオウムの道場が出来たことも運命的だと思って、すぐに入信しました。

道場でやっていたことはヨーガではなくて、バクティと呼ばれる奉仕作業でチラシ折りとチラシ配りでした。部活のあとや土日の学校が休みのときとかに通って山積みのチラシをみんなでひたすら折って折って折って（笑）。それが功徳になるんだっていわれていたので、みんな喜んでやってました。

道場には私のほかに5人ぐらいいました。やっぱり悩みがあって、本がきっかけでオウムを知った人もいたし、誘われて来た人もいましたけど、みんな「求めていたのはここだ」っていう感じで入ってきた人ばかりでした。

そういう仲間たちの中にいることもあって、オウムには何の疑いも持っていませんでした。

「早く出家したいね」とよく言い合っていました。

意識をチェンジさせるアーナンダ師

その後、オウムの石垣島のセミナーに参加してそのまま出家しました。19歳の時で高校を卒業して就職もしていたのですが、会社を辞めて最低限の着替えと自分の全財産を持って家出同然でサマナ（出家信者）になりました。

出家直後、一時、東京の支部で師の運転手をしていましたが、そのとき、死刑判決を受けたアーナンダ師の井上嘉浩さんに会っています。

当時、アーナンダ師は導きに凄《すご》く長《た》けた師だと言われていました。アーナンダ師は相手の心の状態が見えていて操作できるから、ここだというときに意識をチェンジさせると、その人はハマっちゃうと言われていました。

私はチェンジの現場を見たことはありませんが、アーナンダ師は凄い早口で畳み掛けるようにしゃべる人なので、面談すると飲まれていくっていうのは感じました。人の意識を変えちゃうぐらいの勢いはあったとは思います。ただ、洗脳とは違います。もっと普通の勧誘だと思います。個室に入って一対一でお話しして、悩みを聞いたり、アドバイスしたりしながら導くやり方で特別何かをしたっていうのはないと思います。

オウムの修行

運転手のあとは上九一色村のサティアンで修行でした。ヴァヤヴィヤクンバカ・プラーナヤーマという激しい呼吸法と帰依《きえ》マントラをひたすら唱える修行がメインです。あとは立位礼拝。頭の上に両手でレンゲを組んで立って「オウムグルとシヴァ大神に帰依奉《たてまつ》ります、すみやかに解脱《げだつ》の道にお導きください」と言って五体投地（両手受け身のようにマントラを唱えながら床に倒れる）をしていました。それを朝6時に起きて深夜まで休憩なしでひたすら繰り返すんです。

【オウム真理教事件年表】

■1988年9月22日
在家信者死亡事件
（修行中の事故とその隠蔽《いんぺい》）

■1989年2月10日
男性信者殺害事件
（教団に反発した信者の殺害）

■1989年11月4日
坂本堤弁護士一家殺害事件
（教団と敵対する弁護士一家の殺害）

■1992年9月14日
オカムラ鉄工乗っ取り事件
（教団の武装化）

あとは欲如意足《よくにょいそく》と喜軽安覚支《ききょうあんかくし》もよくやりました。

欲如意足は「修行するぞ、修行するぞ」とグルが自ら唱えたカセットテープの声と一緒に合わせて唱えていく修行で、ワイドショーでもよく紹介されていたものです。声のリズムもタイミングも抑揚も、グルの声にすべて合わせて、グルよりも早くても遅くてもダメで、完全に同化し、唱え方もマネしましょうっていう。これをひたすら何時間も唱えてました。

喜軽安覚支も「修行ができて嬉《うれ》しいな、楽しいな」と延々とグルのカセットテープに合わせて唱えるものでした。でも、本当はつらいんです。ずっと蓮華座《れんげざ》（＝座禅）なので、おしりも足も痛いし、「帰りたい、辞めたい」と思うんですけど、笑顔で「嬉しいな」と言わないといけないんです。修行そのものは単調なことが多いので、やっぱりつらかったですね。

ただ、それを口にしたらいけないんです。

オウムでは潜在意識のことをアストラルって呼ぶんですけど、

■1993年6月6日
逆さ吊り死亡事件
（修行中の事故とその隠蔽）

■1993年11月以降
サリンプラント建設事件
（不特定多数の殺害を目的としたサリンの生成プラントの建設）

■1993年12月18日
池田大作サリン襲撃未遂事件
（創価学会最高実力者の殺害計画）

■1994年1月30日
薬剤師リンチ殺人事件
（教団から脱退させようとした人物の殺害）

「アストラルが穢《けが》れてる人は修行中に苦しい意識が出てくるので早く浄化しなさい、グルを意識して修行しなさい」と教えられます。そこで、修行に対して愚痴や不満、否定的なことを言うと「カルマが悪い。前生《ぜんしょう》で悪業をなしたからいま苦しいんだよ」と普通に言われます。

前生のカルマ、地獄のカルマが強い人は蓮華座が痛いっていうのが一般的な解釈で、いま苦しいのは前生でなした悪のせいで、いまそれが落ちているんだから、早く落としなさいと言われます。

洗脳ということで言えば、帰依マントラをしているときは不思議な体験をすることが多かったです。「オームアーフームヴァジラ〜」というマントラを在家が最低10万回、出家したら30万回唱えろと言われてて、ひたすら唱えます。歩いてても何か用事をしてるときでも、普段から唱えるようにって教えられるんです。

修行の空間にいるときは蓮華座を組んで金剛印を結んで、手の間にカウンターを当ててカチカチ数を数えるんですけど、目を閉じて

■1994年4月以降
自動小銃密造事件（オカムラ鉄工乗っ取り事件に関連）
（教団の武装化）

■1994年5月9日
滝本太郎弁護士サリン襲撃・殺人未遂事件
（教団と敵対する弁護士の殺害計画）

■1994年6月27日
松本サリン事件
（教団松本支部立ち退きを担当する判事の殺害、サリンの一般市民への無差別使用）

■1994年7月10日
男性現役信者リンチ殺人事件
（スパイを疑われた信者の殺害）

やっているので、意識がドンドン深く深くなっていって、心がどっかに行っちゃいますね。凄い躁《そう》になるわけじゃないですけど、本当に半分夢の中に突っ込んでいるような意識状態になります。

イニシエーション

オウムといえばイニシエーションも有名で、上祐《じょうゆう》さんがグルの精子を飲んだみたいな話をあとでマスコミに聞いたんですけど、一般のサマナにはそういう話はなかったと思います。

ただ、麻原の血液は注射しました。

祭典があって全サマナが上九に集まっていろいろイニシエーションとか与えられたりするんですけれども、そのときにみんなの前で麻原の血液を注射で取って、それを全員に行き渡るように薄めて、それを全サマナのおでこに注射しました。みんな額がポコッとなってました。

普通の感覚であれば嫌でしょうが、私たちサマナにしてみれば、

■1994年12月2日 駐車場経営者VX襲撃・殺害未遂事件
（教団を脱走した信者を匿った駐車場経営者の殺害）

■1994年12月12日 会社員VX殺害事件
（スパイを疑われた信者の殺害）

■1995年1月4日 被害者の会会長VX襲撃・殺害未遂事件
（教団を告発した被害者の会会長の殺害）

とても嬉しいことなのです。「私の魂はグルに救済される存在である。自分たちは選ばれた魂である」とみんな本気で思っているので、その証《あかし》を貰《もら》ったような誇らしい気持ちになっていました。

こういうことに違和感を感じないのですから、この頃は完全に洗脳されていたんだと思います。

ただ、「どんな洗脳をされたんですか」と聞かれても困るんです。洗脳って入りたくないのに入らされたというイメージですが、信者はみんな入りたくて入ってきた人でした。

家族も捨てて、仕事もすべてを捨てて、お金も全財産をお布施するので、何もない状態で。

「そんなひどい生活でいいの？」と言われますが、ひどいという感覚もないんです。

食事は根菜類を水で煮ただけのオウム食ですし、それもちょくちょく腐っていました。殺生も禁じられていたのでゴキブリも蚊も殺せません。ですから、そういう虫たちもたくさんいましたが、みん

■１９９５年２月28日
公証人役場事務長逮捕監禁致死事件
（多額の布施を見込める信者の奪還）

■１９９５年３月20日
地下鉄サリン事件
（教団への捜査の攪乱《かくらん》と首都圏の混乱）

■１９９５年４月～５月
新宿駅青酸ガス事件
（教団への捜査の攪乱と首都圏の混乱）

■１９９５年５月16日
東京都庁小包爆弾事件
（教団解散権限を持つ都知事への妨害と教団への捜査の攪乱）

な平気でした。

住んでいた建物も他人《ひと》から見たら粗末に思えたでしょうし、実際に粗末だったのですが、あれはサマナがみんなで心を込めて建てた建物だったので、そこに住むことが嬉しかったんです。上九のサティアンも富士宮の道場も多少ボロくても心を込めて手作りしたものなので愛着のほうが強かったんです。

あとグルが同じ富士宮とか上九に住んでいるっていうだけで満足なんですよ。

恐怖の支配

でも、こう話していると、これが洗脳状態という感じですね。

しかし、誰かに「これは素晴らしいことだと思え」と言われたわけではないんです。入信する時点ですでに自分から突っ込んでいった部分のほうが大きいと思います。

ほかの人たちも、やっぱりこの世の中が苦しいとか、行き詰まりとかを感じていて、そこでオウムを知って、ここしかないと思って入ってきた人ばかりでしたから。同い年の人もいっぱいいましたし、17歳で一人で出家してきた子や家族ぐるみで出家した人たちもいました。

何の疑いもなくみんな入ってきて出家して、さらに深く自分で突っ込んでいく感じでした。

ただ、恐怖の支配はありました。

反抗したり、修行をさぼると教学用のビデオテープを見せられたりするんですけど、交通事故で足がちぎれて救急車を待っている人とか、ひどい映像も多かったです。戦争の実験として動物たちがこんなふうに苦しめられたとか、これは動物と地獄のカルマであるとか、そういうのをいっぱい見させられます。

そうすると修行して真理の実践を得ようとするよりも、怖いから地獄のカルマを落とさなきゃって思うようになってしまうんです。信仰をやめたら、地獄に落ちると普通に思うようになってしまいます。だから、信仰をやめることも恐ろしくてできなくなってしまうんです。

いま考えれば大の大人が地獄に落ちると言われただけでなぜ怖がるのかと思うのですが、上九にいたときも、オウムがサリン事件を起こしたあとも地獄への恐怖はずっと続きました。

がんを発病

サリン事件のあと私は脱会し、一人暮らしを始めました。

ただ、グルへの信仰は捨てられませんでした。オウムが正しかったと思っていたわけではありません。捨てたくても捨てられないのです。

信仰を捨てると地獄に落ちるという言葉が忘れられず、怖くて捨てられなかったのです。そんなときに乳がんになりました。西洋医学的な治療は受けず、民間療法だけで治療していたのですが、悪くなる一方で腫瘍《しゆよう》が急激に大きくなってしまったのです。

死ぬのは怖い。だけど、治療ももう手遅れだろう。私は凄い行き詰まっていました。信仰をやめて自由に考えられるようになりたいとも思ったのですが、信仰をやめるのも怖いし、どうしたらいいんだろうと思っていました。

そんなときにふっと「苫米地さんだったら何とかしてくれるかもしれない」と思ったんです。いろいろ調べていったら野田成人さんのブログに苫米地さんの話が書いてあったので、野田さんに連絡をして、苫米地さんに会ってみたいんですけどって言ったらOKという返事を頂いて、それでお会いするって話になったんですね。

最も印象的な洗脳は苫米地先生

私が上九にいたとき、「苫米地英人は怖い。目を見たら洗脳されるから目を見たらダメだ。地獄の閻魔《えんま》よりも怖い」って言われていました。

それはサマナ中の噂《うわさ》になっていました。

その頃、ウッパラヴァンナーさんが苫米地さんに洗脳されてオウムを辞めてしまったんです。ウッパラヴァンナーさんは正悟師で石井久子さんの次くらいの高い地位だった人ですが、その人がいとも簡単にやめてしまったことでオウム信者の中で恐れられていたんです。警察よりも恐ろしいって言われていた人で、そんな人は苫米地さんだけでした。

そんな人だからこそ、私は苫米地さんにすがったんだと思います。

麻原という存在が自分の意識をがんじがらめにして病気に立ち向かえないような、呪縛《じゅばく》を受けてるような感覚も感じていた私にとって、苫米地さんしか頼れる人がいませんでした。

でも、会うまではやっぱり凄く怖くて「面談する日に事故に遭って死ぬかもしれない、尊師どうか見守ってください」ってお願いしてから家を出たことを覚えています。凄く混乱していました。苫米地さんにすがりたい気持ちもあれば、会うことによって今日死ぬかもしれないってことも本気で思いながら、会いに行きました。

苫米地さんとの面談は野田さんが私のことをほとんどしゃべってくれたので、私は何も話していません。

苫米地さんも野田さんと仏教のお話をしていただけで、私はずっと下を向いて聞いていました。下を向いていたのは「苫米地英人の目を見てはいけない」というオウム時代の刷り込みもあったせいです。本当に怖くて見られないんです。

そんなとき、苫米地さんが「ちょっと待ってて」と言って部屋を出ようとしました。そのとき、苫米地さんが私の目を見たんです。

「あ、目が合ってしまった！」

そう思った瞬間、何かがフッと変わった気が一瞬しました。

苫米地さんとの面談はそれだけで最後まで会話らしい会話はなかったと思います。

帰り道、「あれは何だったんだろう？　一瞬気持ち良くなったんだけど」と目が合ったときのことを思い返していました。何か変わったかというと、何も変わっていません。家を出る前の自分と同じなので、そのまま寝てしまったんです。

ところが、朝起きて自分が変わっていることに気づきました。

オウムでは24時間グルを意識することを教えられます。常に、目の前に尊師の姿を思い浮かべるんです。観想というんですけど、翌朝、それをしようとしたらうまくできないんです。尊師の姿をイメージしてもすぐに砂のようにザーッと崩れてしまうんです。

グルを忘れたわけじゃないんです。記憶としてもわかっているんですけど、グルを観想しよう、思い出そうとしてもさらさらって溶けるように消えていくんです。何度繰り返してもダメでした。

私は信仰を捨てる気はなかったんですが、苫米地さんに会って目を合わせたときからグルが消えてしまいました。

本当の意味でオウムを脱会したのはこのときでした。

洗脳とは私の思い込み

その後、苫米地さんにはがんの相談をするようになりました。

懇意のお医者さんを紹介してもらって、がん細胞も取りました。腫瘍が皮膚を突き破るほど進行していたがんですが、いまは治っています。

がん治療についても苫米地さんにはお世話になりました。

抗がん剤治療を続けているとき、ショッピングセンターで急に気分が悪くなってしまったんです。店内のベンチで横になってても脂汗が止まらず、救急車を呼ぼうかと思ったほどですが、私は苫米地さんに「苦しくて動けません」ってメールをしました。そしたら、「救急車をすぐに呼びなさい。いまから気を送る」って言われて3分もしないうちに元気になったんです。苫米地さんの遠隔気功で気持ち悪さが治ってしまったんです。

たぶん、これを読んだ人は私が思い込みやすい人間だと思ったことでしょう。そうです、私はとても思い込みやすいのです。

ですから、私にとって洗脳とは何かといえば、「私の思い込み」です。

悩んでいる頃にオウムという答えを提示されて、自分から突っ込んでいって、気づいたら完璧にハマり込んでいました。

そして地獄のカルマ。私はそれを心の底から怖がって信仰を捨てることもできなかったのでした。でも、それは他人からされた部分もありましたが、私が私を縛ったものでもありました。

それが私の洗脳に対する偽らざる実感です。

元オウム真理教幹部、野田成人氏の場合

Sさんの脱洗脳

Sさんを苫米地さんのところに連れていったのは、それまでも何人もオウムの元信者から紹介してほしいと言われていたからです。

彼女もそんな中の一人でした。

彼女の脱洗脳の瞬間に私は立ち会っていたようですけど、残念ながら記憶にありません。苫米地さんに引き合わせたのは間違いないですが、Sさんを連れていったときの印象は本当にないですね。

もともとオウムの中で苫米地さんは敵方として認識されていました。苫米地さんと話すと洗脳されるというイメージがあったのは確かです。だから、Sさんのオウム洗脳が解けたのは苫米地さんに対する警戒心を解いたというのが大きいんでしょうね。もともとその警戒心がオウムの教えでもあるし、麻原への帰依と連動している部分もあるんで。

実際、目を見ちゃいけないっていうことも言われてたんですよ、苫米地さんの。その禁を犯してしまったというのもあったと思いますね。

Sさんの場合だけじゃなく、自分の中で自分を縛る。そういう思い込みの部分は誰でもみんな持っていて、特にオウムの場合は、結界を張るみたいな感じで強化していましたね。それは情報に対する結界で、外から情報が入らないようにして、オウムの狭い中での情報だけを、同じものだけを共有していくものです。

だから、サリン事件のことにしても、警察の陰謀だと思い込んでいる信者が、さすがにいまの時点でどのくらいそう思ってる人がいるかはわかりませんが、昔は結構いたんです。

苫米地さんもオウムの内部のことや自分が信者たちにどう見られていたかを知っていましたから、それを利用したんだと思います。ただ、Sさんに何をしたかはわかりません。本当に僕には何の印象もないんです。

入信のきっかけ

僕がオウムに興味を持った直接のきっかけは豊田亨君ですね、死刑が決まっている。彼がひとつ下の後輩で、同じ物理学を目指していたというか物理学科だったんですけど、同じ寮にいて関係が深いんですけど、あいつが部屋の本棚に麻原の『超能力開発』とかを置いていたらしいんですよ。僕があいつの部屋に遊びに行ったときに、その本を見て、「変な本読んでるな」って言ったらしいんですね。そんな記憶はまったくないんですけど、その1年後に自分が物理学に挫折《ざせつ》して同じ本を手に取って感動してるんですが。

オウムの場合は輪廻転生《りんねてんしょう》とか解脱《げだつ》とか、一般の社会にはまったく存在しない価値観があったんですね、その斬新《ざんしん》さに惹《ひ》かれたのかなという気はします。

僕も個人的状況があったのは事実ですね。人生に行き詰まった段階でのオウムとの出会いはありました。

ただし、一般的にいう洗脳ですよね、強制的に人格を壊して、そのあとに刷り込むといったものはなかったですよ。

洗脳の入り口

僕が洗脳する側だと苫米地さんは言ってたようですけど、それは違います。教育プログラムみたいなものは作ったりしてましたけど、組織そのものに大きな意思があってそれに沿って動いていましたから。

教育ノウハウの部分は、団体の中に試行錯誤しながら蓄積したものがあり、そこに麻原のほうから「こういうのはどうか?」という指示があって。例えば、実際に僕がやらされたものは、家庭教師のセンターで東大生を集めてきて、東大生にヨガと教義の話をして入信させるとか。それは全然うまくいかなかったんですけど。

一般的なのは困ってる人の相談にのってあげて勧誘する方法です。同じようなことは共産党でも、ほかの宗教でもやってますが、あれと同じで、入り口のときっていうのはやっぱりその人の求めるニーズに対するアプローチをやっていました。それで信頼を築いていって、いざ洗脳という段階からオウムというのを明かしていくんですが、当然、それは最初からはできないですから、やっぱりある程度の信頼関係を築いてから、そういう話を出していくんですけど。

要するにオウムだよと明かすまでにはそれなりに本人の病気が治ったとか、悩みが解決したとか、問題を消してるわけですよね。それによって信頼関係が出来ているんで、それを勝ち取っていなければ、逆に勧誘なんてできません。

病気を治したのは現実問題、ヨガの効果ですね。ヨガを実践していくと治る人が出てくるんですね。それで信頼を得ていくわけです。あとは、仏教的な戒律を守ると悩みも解決します。それは伝統的な宗教とはだいぶ違うオウム独特の教義で、一般社会ではなかなか納得しない人も多いんですが、納得する人は納得するんですね。病気が治る場面も含めて、そういう人が納得する瞬間は私も多く見てきましたし、それが仕事でもありましたから。

ただ、体調が良くなったのはヨガですし、悩みを解決したのは要するに人の話を聞いてあげたからです。自分の気持ちを聞いてもらえばそれだけで気持ちが楽になるというわけで、それは普通に一般でもやっていることですよね。だから、オウムじゃなかったとしてもキチッと話を聞いて信頼を得ることができれば、その人は変わったと思いますよ。

入り口は、占いにハマる女の子と構造的には一緒だったと思います。友達とか相談相手がいない人も多かったでしょうし。

その後で僕らのほうで次第に選択肢を狭めていくんです。それを本人の選択のように思わせるのが洗脳といえばそうでしょうね。ただ、こちらとしては自分も実践しているわけですね。特に疑問もなくてやってるんで、選択肢を狭めてる感覚もないんですよ。結果的には狭い選択肢になってるんですけど、こちらとすれば洗脳でも何でもなく本当に良いと思って勧めているんです。

臨場感空間を作る方法

選択肢を狭めるには、やっぱり単純に情報遮断というのが強力な方法ですね。出家信者は麻原の本以外読んではいけないし、立ち読みまで含めてダメっていう。それを完璧にやっていた人は少ないと思うんですけど、基本的に情報が制限されてしまう。ある意味、北朝鮮みたいな状態ですね。

神秘的な体験もそうです。

教団の価値観自体が内的な探求にあって、それは一般社会では経験できないものでやはりガイドが必要です。そのガイドが麻原で、麻原の言うとおりに修行して神秘体験が実際に起こると信頼に変わっていきます。

私は比較的体験は少なかったですけど、それでもそういうのはありましたね。瞑想《めいそう》体験というか、いわゆる光の体験とかなんですけど、一生懸命やっていったら実際にそういう体験をしましたね。バヤビヤクンバカという呼吸法を3時間連続でやって、立位礼拝を6時間連続でやって、マスク付けて瞑想したりとか、それを一日15時間とかやると、内的な体験をしますね。リアルな夢みたいなものを体験していくわけですよ。空を飛んだりしたときもありました。僕はそれほど気持ち良いというものではなかったですが、「これが尊師が言っていたことなんだ」という確信はそこで生まれるわけですね。

幹部の人間はみんなそういう体験をしています。石井（久子）さんもウッパラヴァンナーさんもそうで、やっぱり全然体験できないと辞めていきますよね。

余談ですが、ウッパラヴァンナーさんは苫米地さんに脱洗脳されたことで有名ですが、僕は団体内にいる彼女と、脱会したあとの彼女を見ています。

アーレフ時代に話したんですが、僕の感覚でいえば、脱会した前もあともほとんど変わりないという感じでした。

僕の興味として「苫米地さんってどんな人ですか?」って聞いたら、「密教を超えた人だ」と言っていたのが印象的でしたね。

洗脳の仕組み

神秘体験にどう洗脳が組み込まれているのかといえば、体験ひとつひとつはヨガの体験だけど、ゴールはすべて麻原にするわけですよ。この人の言うとおりにすれば間違いないという確信のほうに誘導していく。

結局、オウムの修行体系で一番重要なのはグルを観想(麻原の姿を思い浮かべる瞑想)することなので、修行の途中からはグルの観想が実践のメインになっていましたので。ただ、これも普通の宗教と変わらなくて、麻原ではなく仏陀《ぶっだ》を観想すれば仏教の修行なんですね。

だから、欲如意足とかも普通の修行だったんです。チベット仏教にもある修行のひとつですから。

ただし、そこで麻原の血を飲むとか、身体に入れるとなると、もう個人崇拝ですよね。実際、僕も麻原の血は身体に入れましたから。一般のサマナには伝えていませんでしたけど、あれは細菌兵器の血清だという話もあったんです。精子を飲んだ人は少なくて、上祐は飲んだと言ってますけど。あのときだったら僕も飲んだかもしれませんね。そういう意味では明らかに洗脳されてますよね。

苫米地さんの本を読んでいくとわかるんですが、結局、麻原が作った臨場感空間に入ってしまっているわけです。

だから、麻原の臨場感空間にそれなりの説得力、そこにハマり込むまでになんらかの実感とか体験というのをそれなりに与えられていたんです。それが神秘体験であったりですね。

なおかつ、それをみんなで共有、強化していったんです。

当時出家した信者は最大で2000人ぐらいいたんですけど、周りがやってるからという形で、お互いの臨場感空間が同化していく感じですね。2000人の巨大な臨場感空間が出来るんですよ。

これはコンサート会場と一緒です。麻原というアーティストのパフォーマンスに熱狂する2000人の空間にいるわけです。

普通はコンサートが終われば、会場を出て日常生活に戻りますが、オウム信者たちはその会場の中にずっといて生活しているわけですから、臨場感空間は強化されていきますよね。その中の価値観と世間の価値観があまりにも乖離《かいり》していたからやっぱり洗脳ということになったんだと思うんですね。

恐怖支配

洗脳には恐怖支配もあります。

これは臨場感空間を壊さないための結界ですね。

大阪や北九州の洗脳殺人事件にも恐怖支配がありましたけど、あれも一緒でグループ内の臨場感空間を壊さないための装置です。

オウムの場合は地獄に落ちるというものでした。

一般の人が聞けば、「地獄に落ちるぞ」と言われても怖くないと思うんですけど、オウムの中に入ってしまうと地獄へのリアリティが出てくるんですね。

それも情報遮断をしているからなんですけど、普段でも、何か不幸があって「先祖を大切にしなかったからだ」とか言われたら、なんとなく不安になってしまいますよね。その不安を情報遮断によって広げていくと地獄が怖くて仕方なくなるんです。そこでツボを買わせる宗教もあれば、修行しようという宗教もあるわけで、やっぱりそういう人間の弱さというか、そこにつけ込むようなやり方はあります。

そもそもどこの宗教でも地獄に落ちるという話はありますからね。恐怖支配は宗教にとって欠かせないんじゃないかと思います。ただ、それを強化すると洗脳支配になりますね。

普通の状態と洗脳状態って結構紙一重でもあると思います。

洗脳状態と普通の状態は何が違うのか?

洗脳状態と普通の状態の違いって何かというと、僕は「違いはない」と思います。結局、価値基準ですから。何を信じるか、ですから。オウムの教義を信じるのも、資本主義を信じるのも同じように洗脳です。価値観に対する優劣です。

実際、出家しても逃げ出す人もいましたから。食べるものもおいしくないし、一日一食ぐらいですし、我慢できないっていう人はいます。いくらオウムの教義を信じても恐怖で支配されても、暮らしに価値観を置いていれば耐えられないで出ていくんですね。

だから、最初の入り口は相手のニーズに合わせるわけです。

苫米地さんの言葉でいうと、ＬＵＢ。リーストアッパーバウンドというんですけど、最小公倍数、相手との共通の思考の部分で合わせるというのを苫米地さんはＬＵＢを取ると言っていますが、催眠の手法としても相手との波長というか、気を合わせるという、そういうところで相手をいかに巻き込めるかっていう、ところです。

逆を言うと、アニメオタクだったらピンポイントで、自分が好きな〝このアニメ〟を知ってる人としか話が合わないわけですよね。そういう人って洗脳できないんですよ。そこしか合わないから。最初から話が合わない。ある程度、選択肢があって、その人の状況を受け止めることができるか、できないかっていうのが基本的な部分にないと無理です。

その受け止める能力が麻原には強烈にあったと思いますね。

例えば、世の中に、凄く言い切ってしまう人っているじゃないですか？　その言い方に対して「あ、そうなのかな」って思う人は、そうなっちゃうんですね。ただし、「明日は晴れるよ」といって晴れないこともありますよね。ハルマゲドンが来るといって来なかったとか。それでも巧みなやり方でたぶらかしてしまう人もいるわけで、そういう、人たらしじゃないですけど、言い方を変えると人を包み込んでしまうみたいな、そういうものは絶対に必要ですね。

ですから、たとえ僕がオウムの洗脳手法を全部理解してできるようになったとしても、ああいう教団は作れないと思います。人を巻き込む能力、人たらしの能力がないと無理ですね。それを別の言葉でカリスマ性というんでしょうけど。

洗脳とは

最後に洗脳を定義するとすれば、やっぱりどの価値観を選択させるかっていうことですね。

洗脳する側も騙《だま》すとか、そういう気持ちはないわけですよ。善意に支えられているんですね。

洗脳するほうも洗脳されきってますからね。

そういう意味では団体も麻原も善意でやっていたんでしょう、最初は。

ただ、善意もエゴですから。

善意の情報で支配して、選択を狭めるのが洗脳でしょう。

でも、これは一般社会でもよく見受けられることだと僕は思いますね。

【プロフィール】

野田成人（のだ・なるひと）

1966年生まれ。87年に東京大学物理学科在学中にオウム真理教に入信し、同年出家する。95年、教団内で正悟師の地位に就き、以後、幹部として教団運営における指導的な立場の一人となる。2007年、オウム真理教の元信者によって作られた宗教団体アーレフの代表に就任。09年3月「麻原を処刑せよ」と主張したことによりアーレフから除名される。

現在はNPO「みどりの家族」を立ち上げ、ホームレスの自立支援や脱会信者の支援に力を注ぐ。

第4章 洗脳とは何か？

洗脳に対する誤った先入観

さて、2人の元オウム信者の話に触れてどんな感想を持ちましたか?

彼ら2人は実際に洗脳を経験した人たちです。

出家し、上九一色村のサティアンで生活していました。世間の評価でいえば間違いなく、オウム洗脳にどっぷり浸かってしまった人たちといえるでしょう。

ところが、彼らの話を聞いていると、洗脳らしい洗脳など受けていないのがわかると思います。

多くの人々にとって洗脳とはもっとオドロオドロしいものでしょう。例えば、被洗脳者から睡眠などを奪い、判断力がなくなったところで、過去を否定するような言葉を大量に浴びせて人格を一度破壊し、その上に洗脳側に都合のいい情報を刷り込むといったものが洗脳だという感覚でしょう。

しかし、こういったものはオウムの洗脳の中にはほとんど存在しないのです。

私たちは洗脳に対して、あまりにも異常性ばかりを求め過ぎていたのです。

考えてみれば、オウムの洗脳が異常に見えたのは当時の過熱した報道姿勢にも一因がありました。

「修行するぞ、修行するぞ」と唱和する集団といった映像は確かに刺激的ですから、メディアの気持ちもわからなくはありませんが、あの修行自体はヨガの修行のひとつだったわけで、ちょっと調べれば当時のマスコミでもすぐに判断できたはずです。

しかし、それをしなかったのはメディア全体がオウムは異常であり、やっていることも常軌を逸しているという先入観で取材をしていたためで、何か変わったことがあれば、ロクに調べもせず、見た目の異常性だけを強調して報道した結果でした。

また、ＬＳＤなど薬物を使った瞑想にしても密教の修行体系の中にないことはないのです。密教のお坊さんたちがそれをしないのは自分の身体で出せる脳内麻薬を使ったほうが遥《はる》かに強烈な瞑想状態＝トリップ状態を体験できるからでもあります。薬を使うのは初心者向けといってもいいのです。

オウムの中には〝多くの人が思っている洗脳〟などはなかったのです。

メディアに弱い私たち

オウム信者2人に共通していたことは麻原の書籍を読んだことでした。そこで「オウムしかない」と思ってしまったことが最も強力な洗脳だったのです。

それはSさん、野田氏の2人だけでなく、多くの信者もそうでした。

本を読んで、最初から入る気で道場を訪ね、入信して修行し、そこで成果が出れば、さらに高いところを目指していく。考えてみれば、これは当たり前のことです。空手漫画を読んで空手道場に行き、世界最強を目指す。バレエ映画を見てバレエスクールに通うようになる。プロテニス選手の試合やインタビュー映像を見て、テニスを始める。こういったことと基本的には同じです。習い事を始めるという経験は多くの人がしていることですが、実はこれも洗脳だったのです。

第3章でも説明したように、映画や本、テレビなどを見ると人は変性意識状態になります。そのときに情報を刷り込んでいるのですから、洗脳のメカニズムにも合致しています。

ただし、定義上、本人のためになること。例えば、バレエやスポーツを洗脳と言わないだけです。

オウム真理教の最強の洗脳装置は書籍だった

オウムの中で行われていた多くの修行や恐怖支配は、麻原への帰依を深めるためのもので確かにそれも洗脳と言えますが、それも最初の書籍洗脳体験があればこそ、です。

意外かもしれませんが、オウム真理教にとって最も強力な洗脳装置は書籍だったのです。

本を読んで「これだ」と思って入信した人々が、やがて日本の犯罪史上最悪のテロ事件を起こしたのです。

驚くべきはここです。

しかし、逆に読者の中にはガッカリしている人もいるかもしれません。「何だ、たったそれだけのことか。もっと人がアッと驚く洗脳テクニックや異常性があると思っていた」と。

しかし、そんなものは何もないのです。

もちろん伝統宗教でも使われているあらゆる修行の体系は洗脳技術の体系でもありますが、オウムが特に異常というレベルではありません。比叡山《ひえいざん》や大峯山《おおみねさん》の千日回峰行《せんにちかいほうぎょう》のほうがはるかに過酷です。

それはイスラミックステート（ＩＳ）を見てもわかるでしょう。彼らが仲間を集めるのに使っているのはインターネットです。ネットで自分たちの主張と手法を世界に発信することで賛同する人間たちを集めているだけです。

集まった人間たちは、ＩＳに入ってから洗脳されたわけでもありません。戦闘訓練は受けただろうし、いくつかショッキングな場面を目撃したかもしれませんが、彼らは最初からテロリスト（彼らにとっては聖戦士なのでしょうが）になるためにＩＳに入っています。そこで人殺しをするとは知らなかった、騙《だま》されたという人はいないでしょう。

そういう意味でいうと、オウムの場合は最初から犯罪を犯すために入った信者はいなかっただけに一層、麻原の罪は重いでしょう。

麻原がさらに問題なのは彼がもともと犯罪者だったことです。

オウムを作る前に彼は漢方薬局を営み保険料を不正請求し、国から670万円の返還を求められています。その後、反省することなく今度は、健康薬品を無許可で販売しています。

はっきり言ってこんなことは小悪党のやることです。野田氏は麻原が最初は善意で宗教団体を作ったのではと言っていますが、こういった軽犯罪を繰り返す人間が善意で宗教団体を作るはずがありません。

本書では麻原の罪についてうんぬんするつもりはないので、これ以上は書きませんが、ともかく私たちはメディアに弱い、メディア洗脳にすぐにかかってしまうことを理解しておく必要があります。

Sさんの脱洗脳のからくり

オウムに洗脳らしい洗脳はなかったと書きました。

しかし、洗脳テクニックがなかったのかと言えば、それは違います。彼らは彼らなりの洗脳テクニックを持ち、それによって信者たちを支配していました。

その何よりの証拠が私を恐れたということです。

Sさんが言うようにオウムのサマナたちは私に恐怖していました。目が合うと地獄に落ちる、頭に触れられると修行したことがすべてゼロになるどころか最悪のカルマを受けると言っていたようで、あるサティアンに私が行ったときは、サマナたちが全員頭を手で隠して逃げ惑っていました。

普通に考えれば、私にそんな力などないことはわかるでしょう。頭に触っただけで、どうすれば修行の成果を無にできるのか、私のほうが聞きたいくらいです。

これはオウムが恐怖支配を行ってきたことの証です。それも強烈な恐怖で人を縛っています。地獄の恐怖、カルマの恐怖をアンカーに埋め込んで、私の存在そのものをトリガーにしたのです。

ちなみに、トリガーとアンカーとは拙著『洗脳原論』の中でも解説している洗脳技術で、ある言葉や音、映像などに特別な意味を持たせて、それを見たり聞いたりしたら、洗脳側が刷り込んだ記憶や指示が発動する洗脳テクニックです。このときの言葉や音をトリガーといい、刷り込んだ記憶や指示をアンカーといいます。

ですから、私が脱洗脳をするのはとても容易なのです。それこそ、Sさんにやったように目を見るだけでいいのですから。ただし、ヘタなことをすれば、信者の地獄の恐怖が発動しますから、そこは慎重に行っています。

Sさんの脱洗脳の種明かしをすれば、実は私は何もしていません。目ぐらいは見たかもしれませんが、別に見なくてもよかったのです。彼女は私のところに来た時点で、脱洗脳されていたのです。

この状態は、彼女の入信のときと一緒で、あのときは本を読んだ時点ですでに彼女の洗脳の第一段階は終了していました。道場を訪ねて即入信しているのですから、そういっても間違いではないでしょう。

私のところに来たときも同様に、事務所に来た時点でもう脱洗脳の第一段階は終わっていたのです。あとは具体的な何か？　例えば、「目を見られてしまった」といった最後のダメ押しが欲しかったのです。もしも、あのとき私が目を合わさなかったら、「声を聞いた瞬間に」などが最後のダメ押しになったのではないでしょうか。彼女は自ら脱洗脳されたのです。

これを聞いて「何だ、脱洗脳ってそんなに簡単なんだ」と思ったら、それは違います。

なぜ、オウムが私をトリガーにしたのかを考えてください。彼らは、信者が私と絶対に接触しないために、「苦米地と目が合ったら地獄に落ちる」と教え込んだのですが、教団側が恐怖することを私は最初に徹底的にやっていたから、それだけの反応をしたのです。

だから、彼らは私と地獄とを、彼らにとって最高の恐怖を結びつけて、信者が私と接触するのを避けるよう仕向けたのです。

麻原をゴキブリに変えて潰《つぶ》す

それでは、私がやった彼らが恐怖した脱洗脳とはどんなものだったのかの例をお話ししましょう。

私がオウム信者の脱洗脳を手掛けるとき、最初にやるのは変性意識を使って強烈な幻想を見せることです。例えば、ある幹部の脱洗脳では麻原をゴキブリに変えて指で押し潰しました。それは何人かの信者にもやったのですが、彼らは全員「ギャー！」という悲鳴を上げています。

変性意識に介入すれば、それぐらいの情報の書き換えは簡単にできるのです。しかも、オウム信者は全員、瞑想経験者ですから、変性意識状態にするのは難しくありません。

例えば、カルト宗教に入信してしまった某ロックバンドのメンバーの脱洗脳の場合は、彼と雑談をしているときに、少し時間がかかってでも、あとで教祖と仲が悪くなるように仕掛けておきました。当時危惧していたとおりいろいろな障害があり、その後私が会えなくなってからしばらくしてボーカリストは教祖と仲が悪くなってカルト教団から抜けています。

Sさんに関していえば、そういった仕掛けすらしていません。彼女はすでに脱会しているのでイメージの中だけで残っている麻原を壊してしまえばいいだけでした。

気功法による脱洗脳

問題は「どうすれば、そんなことができるのか？」ということでしょう。

ここの説明はなかなか難しいのですが、まずは気功について考えてみるとわかってくると思います。

そもそも気功は離れた相手に気を送って影響を与えるもので、気が使えるようになれば、相手の変性意識状態にアクセスすることは簡単です。逆に言えば、気を送れなければ、脱洗脳はかなり難しいものになってしまうということです。

しかし、普通の人にとっては、気を送るという感覚自体なかなか理解し難いことでしょう。

「そもそも気なんてものがこの世に存在するのか？」という疑問も湧《わ》いてしまうはずですので、ここで少し気の説明をしておく必要があります。

まず、気で最も理解し難い点はその存在です。気は目で見ることができませんから、いくら〝気はある〟といってもわからないのです。

しかし、気は間違いなく存在します。

これは私が保証するだけでなく、日本の医学界も保証しています。気功は現在、一般財団法人日本統合医療学会で代替医療として正式に認められ、関連学会として日本医療気功学会まであれっきとした治療法なのです。

また、気功の医療学会はアメリカにもありますから、すでに医療のひとつとして世界的に認められていることにもなります。

認められた理由は多くの医師たちによって気功の効果が実証されているからですが、残念なことに科学的な検証はあまり進んでいません。

というのも、気が実在するかと問われたら、私でも頷《うなず》くことはできないからです。

実は、気とはこの世に存在しますが、実在はしないものなのです。

妙な表現ですが、事実そうなのだから仕方ありません。

幽霊が怖い理由

気はこの世に存在するが、実在はしない。これはどういう意味かといいますと、幽霊と同じだと考えてください。

幽霊はこの世には実在しません。しませんが幽霊の話を聞けば恐怖心が自然に湧いてきます。夜の墓場に行けばどうしても足早になってしまいます。

このようにたとえ実在しなくても私たちに影響を与えるものは〝存在する〟といえるでしょう。気もそうで、実在しなくとも私たちの心や身体に影響を与えるので存在すると言っているのです。

ですから、気がよくわからない場合は、幽霊を入り口にして考えると、糸口が見えてくるかもしれません。

そもそも、なぜ、私たちは幽霊が怖いのでしょうか？

それは、幽霊話を子供の頃から聞かせられているからです。まさにオウムの恐怖洗脳同様に、ありもしない空想の話をリアルに感じられるように演出した怪談や幽霊話を子供の心、つまり脳に情報として刷り込まれてしまっています。

加えて刷り込まれる際の子供の脳は完全に変性意識状態です。自分で空想したお化けの姿に恐怖し、冷や汗を流したり、ビクビクしてしまうのですから、変性意識状態になっていないわけがないのです。

つまり、変性意識状態のときに与えられた情報で、身体が反応していたのです。

これが、幽霊が怖いメカニズムです。

要は、洗脳と同じことが行われていたのです。

ということは、気も洗脳だということです。

術者は被験者を変性意識状態にして、情報を送っていたのです。

気の正体とは情報だったのです。

洗脳手法の極意

とはいえ、依然として疑問なのは、その情報をどうやって相手に伝えているのか、という部分です。

幽霊の場合はお話として相手に伝えることが可能です。恐怖映画なども映像によって変性意識下で刷り込んでいくことができます。

しかし、気は言葉もなければ、映像もないのです。そんなものをどうやって被験者に伝えることができるのでしょうか？

気の場合、気功師の手から赤外線などの電磁波が出ていることがわかっていますから、電磁波にのせた情報である可能性があります（ただ、遠隔気功もありますから、この場合は電磁波ではないでしょう。量子化通信かもしれません）。

例えるならば、言葉と、空気の振動の関係です。

言葉は空気の振動によって相手の耳に届きます。ウォーターと発音すれば、その発音にあった空気の密度波が耳の鼓膜を震わせます。

しかし、空気の振動はあくまで空気の振動であって情報ではありません。ウォーターという音だけでは英語を知らない子供には意味は伝わりません。子供にウォーターという〝情報〟を伝えたいのならば、子供の手を水につけながら「ウォーター」と言う必要があるでしょう。それでウォーターとは「この冷たいものなんだ」と理解できるようになるのです。

気もこれと同じで気功師の手から出る電磁波はただの波です。大切なことはその波に情報を載せてあげることなのです。

また、このとき、必要になってくるのが送り手と受け手の間で情報を共有する場があることです。先ほどのウォーターでいえば、送り手と受け手が同時に水に触れています。幽霊のお話でいえば、読み手も聞き手も、同じ話の中に没頭しています。こういった共有している場が情報を伝える際に必要になってきます。

ただし、同じ情報場を共有しているとはいっても、送り手と受け手では立場がまるで違います。送り手は共有する変性意識状態を作り出した側であり、受け手はそこに引っ張りこまれた状態です。主導権は送り手が握っていますから、そこで変性意識の書き換えができるのです。わかりやすく言えば、読み手が本気で怖いと思って読めば、聞き手も余計に怖くなってくるということです。

本書ではしつこいくらい変性意識状態について触れていますが、それは変性意識を自ら作りだして共有させることが洗脳および脱洗脳では極めて重要だからです。

気功を理解する上で最も難しい部分

自らが作った変性意識状態に相手を引きずり込むことで情報の書き換えをする。これが洗脳手法の極意です。

しかし、それでもまだ読者の方々にとっては疑問が残っていることでしょう。

「幽霊話や手を水につけるというのならば、こっちが作り出した変性意識状態に引きずり込むことはできるでしょう。しかし、言葉も発せず、手と患部が離れた状態でどうやって引きずり込むんですか？」という部分がわからないと思います。

そうです。気を理解する上で最も困難なのはここなのです。

気功を理解する上でも会得する上でも最も難しい部分であることは私自身もよくわかっています。

はっきり言ってしまえば、ここから先は体感がなければなかなか理解できません。理解できなければ会得もできませんから、私は一度でもいいから医療気功を受けてみることをお勧めします。肩こりでも腰痛でも歯痛でも気分がすぐれないでも何でもいいので一度気功師の治療を受けてみてください。評判のいい気功師ならば、なんらかの効果が期待できるはずです。効果が出れば、気の存在を実感できます。実感できれば理解は容易になりますが、いま現在は本書を読んでいるわけですから、それも無理な話ですので、いまここでできる説明をしていきましょう。

医療気功も治療という現場に気功師がいて患者がいるわけですから、そこに病を治すというコンセンサスはあります。ですから、患者は気功師が作り出す、その場の雰囲気、例えば、気功師の掌《てのひら》の熱さ、息遣い、何げない会話、治療する部屋の壁紙や匂《にお》い、流れる音楽などに身を委《ゆだ》ねることで変性意識状態に簡単に入っていくことができます。

要は、この人は信頼できそうだ、治療を任せてもいいと思った瞬間、もう変性意識状態になっているということです。

これは変性意識の大きな特徴なのですが、自分が変性意識状態になると相手も変性意識状態になってしまうのです。なぜそうなるのかというと、第3章で紹介したホメオスタシス同調によるものです。

わかりやすい例を挙げると、一緒にいる人間が寝てしまうと自分まで眠くなってしまうといったものです。子供なんか特にそうで保育園などのお昼寝の時間では誰か一人が寝ると次々に眠りにおちていきます。

また、ドライビング中に助手席に座る人間は寝てはいけないと言われるのも同じ理由で、隣にいる人間が寝るとドライバーまで眠たくなってしまうのです。

つまり、気功師が変性意識状態に入れば、患者も変性意識状態に入ってしまい、情報空間が共有され、情報の書き換えがなされるのです。

ですから、気を理解するには気功院に行くのがいいのです。気功師が治療のために特別に作り上げた空間に入ることで気を感じることは通常よりも容易になっています。

催眠の世界で言えば、白衣催眠のようなものでしょう。

どんなに新米の医者であっても白衣を着て先生然としていると、患者はちゃんと医師として尊敬し、病気も治る、というもので、読者の方もどこかで耳にしたことがある話でしょう。

これは逆もまた真で、ニセ医者であっても白衣を着ると、その気になって医者の真似事《まねごと》ができてしまうのです。

姿形や雰囲気で人は、自分も含めて騙されてしまうのです。

この騙される状態が変性意識状態です。

医者の話が出てきたので、もうひとつ有名な事例を挙げておきましょう。それはプラシーボ効果です。

これは私の医療本でも書いていますが、信頼できる医者からよく効く薬だと渡されて飲めば、それがたとえ砂糖の塊だったとしても病気を治す効果を持っていることをいいます。

これなどはまさに、変性意識状態で情報を書き換え、病気を治してしまった最高の例だと言えるでしょう。

脱洗脳（洗脳でも同じですが）は、脱洗脳を仕掛ける人間が変性意識状態になることでスタートします。変性意識状態になれば、相手も自然に変性意識に入っていきますから、そのときに情報の書き換えをすれば、脱洗脳でも洗脳でも好きなことができるのです。

これが洗脳および脱洗脳を行うときの手順です。

ただし、これは理屈で理解するよりも、体感のほうが大切です。自分で何度も経験し、「あ、そうだったんだ」と納得することが何よりも技術を磨くことになります。

相手を洗脳するための技術

それではこれから実際に相手を洗脳するための技術を伝授していきましょう。もちろん皆さんは、相手の利益のために行うので洗脳術であっても本来の定義上の「洗脳」にはなりませんが。

まずは、洗脳を行う上で基礎となるのが変性意識状態を作ることです。

変性意識そのものは読書したり、映画を見たりすれば生成できるのですが、それでは洗脳で使うための変性意識の強度が足りません。

そのため、これから紹介するやり方で変性意識状態を強化、深化させていく必要があります。

最も一般的で無理のない方法は呼吸法です。ヨーガでは火の呼吸法などといって高速で鼻呼吸する方法が有名です。世界最強の格闘家といわれたヒクソン・グレイシーも実践していた方法で、これを行えば、たちどころに強い変性意識状態に持っていくことができますが、身体の負担も大きいのでお勧めしません。火の呼吸法はプロ格闘家が鍛錬のためにやるものだ、ぐらいの感覚で思っておくといいでしょう。

私のお勧めするのは逆腹式呼吸です。これはヨーガや気功などでも使われている呼吸法を私が独自にアレンジしたもので、変性意識状態になるには多少の時間はかかりますが、身体への負担が軽いのでどなたでも簡単に試すことができます。これまでの私の本でもたびたび紹介しているので、すでにご存じの方もいるかもしれませんが、本書では相手にアクセスするための方法までをお伝えしますので、「もう知ってるよ。やってるよ」と思った方も最後まで読んでください。

呼吸の仕方は簡単です。息を吸うときにお腹を引っ込めて、出すときにお腹を膨らませるだけです。

まずイスに座った状態で背筋を伸ばしてください。

横隔膜を使ってお腹をへこませるようにしながら、鼻からできるだけゆっくり息を吸っていきます。意識は目と目の間に置きます。

息を完全に吸いきったら一瞬呼吸を止めて再び鼻からゆっくり息を吐いていきます。この時、お腹を膨らませながら息を吐きつつ、息に合わせて全身の力を抜いていきます。最初は首、次に肩、そして肘《ひじ》、手首、手先、身体のほうも首、胸、腰、膝《ひざ》、足首、つま先と上から下に徐々に抜いていきます。

この呼吸を少し長いですが、5分間行ってください。

すると次第に変性意識状態になっていきます。変性意識状態になりかけのときは額がむず痒《がゆ》くなったりするなど、人によってさまざまな反応がありますが、気にせず続けてください。

いわゆる瞑想状態のような感じになってきたら、臍下丹田《せいかたんでん》（ヘソの下辺り）に意識を集中させてください。臍下丹田は武術の世界で身体の要《かなめ》となる場所といわれ、精気が満ちる場所です。ここに意識を集めて、ほんのり温かく感じるようにイメージしてください。

これが1セットになります。

少し慣れてきたら、この1セットを息の吸い始めから同時に行うようにしてください。ポイントは3つです。「息を吸いながら全身の力を抜く」「額に意識を集中させる」「ヘソの辺りが温かくなる」これを同時に意識しながら、今度は5分ではなく、10分、20分と続けていくと、周囲の状況から切り離された感覚となります。これが深い変性意識状態です。

逆腹式呼吸は、2カ月間毎日練習してください。

というのも、この呼吸法で大切なのは自然に呼吸できるようになることだからです。お腹を引っ込ませながら息を吸い、膨らませながら息を吐くのはいつもとは違う呼吸法ですからどうしても不自然になりがちです。不自然になれば、意識が分散してしまいますから、深い変性意識は生成できません。無理なくこの呼吸法ができることが大前提ですので、2カ月間毎日練習してほしいのです。

強烈な変性意識を生成する

逆腹式呼吸で変性意識状態を生成できるようになったら、いよいよ本格的な変性意識生成の呼吸法に挑戦してください。

『小止観調息法《しょうしかんちょうそくほう》』『アーナーパーナサチ法』『アミリティウンハッタ法』の3つがあります。

まず、**『小止観調息法』**は中国天台《てんだい》宗の開祖である天台智顗《ちぎ》が編み出した方法です。やり方は口を大きく開いて強く勢いよく一気に息を吐き出すものです。吐き切ったら、今度は鼻からゆっくり息を吸っていきます。ポイントは息を吐くときに身体の中に溜《た》まった悪い気をすべて吐き出すつもりで吐いてください。

これを3回繰り返したら、舌先を上の歯茎の裏側につけて口を閉じ、鼻だけでゆっくりかすかに息をしていきます。呼吸しているかどうかわからないくらいにゆっくり吸ってください。意識は臍下丹田に持って、身体の力も上から下に抜いていきます。大切なのは皮膚全体で、特に毛穴を使って息をしている感覚で呼吸してください。

これを最低15分は続けると身体がリラックスしてきます。

『アーナーパーナサチ法』は、相手と自分の無意識をコントロールするために気を大量に貯《た》めるための呼吸法になります。

まず、できるだけ長く、最低でも15秒はかけて鼻から息を吐き出してください。息を吸い込むときは普通に吸って構いません。

同時に、常に呼吸に意識を向けてください。

エネルギーを臍下丹田に集める感覚で、身体全体で息を吸うイメージで行ってください。また、呼吸をするときは逆腹式法で行ってください。もしも、難しければ、最初は普通の呼吸法で行っても構いませんが、長く息を吐き出せるようになったら、逆腹式に挑戦してください。

逆腹式呼吸でアーナーパーナサチ法ができるようになったら、息を吸い込むときに肛門を絞め、吐くときに緩めるようにしてください。

この呼吸も15分は続けてください。できるようになれば強烈な気を練ることが可能になります。

秘伝中の秘伝

最後の**『アミリティウンハッタ法』**は秘伝中の秘伝と呼ばれる呼吸法です。基本的には『アーナーパーナサチ法』と同じで、呼吸に意識を向けて、息を15秒以上かけてゆっくりと鼻から吐き出します。ただし、違うのはこのあとで、息を吸うときはできるだけ短く一気に吸ってほしいのです。腹をハッと一気に引っ込める感覚で吸うとできるようになります。これを15分は続けてほしいのですが、この呼吸法は身体への負担が大きいので最初はできる範囲で無理せずに行ってください。

いま紹介した3つの呼吸法ができるようになれば、強烈な変性意識状態を作ることが可能になります。

強烈な変性意識状態が作れるようになったら、変性意識下の自分の状態がどんなものかを記憶してください。

そして、普段の状態、普段の呼吸のときに、変性意識状態の記憶を思い出せるように訓練してください。

要は変性意識状態になるコツを会得してほしいのです。

自転車が乗れるようになる感覚とでもいうのでしょうか。自転車は乗れるようになるまでは苦労しますが、一度乗れてしまえば、意識せずとも普通に乗れてしまいます。

変性意識状態も自転車と同じように、乗り方のコツを摑《つか》んで、いつでも自分の思ったときに出せるようになると一人前の洗脳家と言えるでしょう。

変性意識と呼吸

ところで、なぜ、呼吸法によって変性意識状態が生成できるのかを説明すると、そもそも呼吸は心臓の鼓動や発汗などと同じくホメオスタシス＝恒常性維持機能を持っています。外界が暑くなれば、息があがりますし、空気が薄くなれば、酸素を取り入れようと自然に呼吸が荒くなります。それは心臓の鼓動や発汗も同様です。

ただし、呼吸はホメオスタシス同調でありながら、自分でコントロールが容易にできるのが特徴です。心臓の鼓動もホメオスタシスですが、全力疾走後にバクバクする心臓を自分の力で通常に戻すのはできません。大量に出てくる汗を止めることもできません。

ところが、呼吸であれば自分で調整が可能です。息がハアハアしていても「止めろ」と言われれば、一瞬止めることはできるでしょう。

実はここがとても重要なのです。

本来は激しく息をするべきときに、自分の指示＝情報によって別の現象を生じさせることが可能なのです。つまり、息を止めた瞬間に、臨場感空間は物理空間から意識が介在した情報空間に移っていることになります。

相手を変性意識下に誘う方法

いつでも変性意識状態を生成できるようになったら、いよいよ相手を変性意識下に誘う方法です。

そのやり方の基本は変性意識の特徴を使います。先ほどから何度も言っていますが、変性意識状態の特徴は自分が変性意識状態になると相手も変性意識状態になるということです。

これを別の言葉で言えば、現実をゆらがせるということです。

例えば、全力疾走で向こうから走ってきた人間が息をゼーゼー言わせてなかったら「あれ？」と思うでしょう。自分の想定していたものと現実が違うわけですから当然です。この瞬間、私たちは軽い変性意識状態に入っています。正確にいえば、物理空間と情報空間の狭間《はざま》、現実世界をほんのちょっとゆらがせた仮想世界の中に入っています。

相手に変性意識を生成するときはこれと同じようなことを行っていきます。物理空間と情報空間の狭間、現実世界のゆらぎを徐々に大きくしていくことで、相手を変性意識状態に導いていくのです。

その最も基本的なやり方として私が紹介しているのがハンドシェイク・インダクションです。やり方はとても簡単です。まずは自分が変性意識状態になります。この状態で、すぐにハンドシェイク＝握手をしてもいいのですが、より確実にするために相手と呼吸を合わせていきます。最初は相手がまばたきするのに合わせて息を吸い、息を吐きます。テレビのニュースを見ながら、アナウンサーのまばたきに合わせて練習するといいでしょう。

これができるようになったら、次は相手の呼吸に合わせて呼吸します。ただし、100%合わせる必要はありません。自分が息を吸うときが相手が息を吸うタイミングになっていれば合格です。要はタイミングが合えばいいのです。

呼吸が合ってくると次第にホメオスタシス同調が起こってきますので、ここで握手の手を伸ばします。すると相手も手を伸ばしてきますので、手を握り合う瞬間、中指でフッと相手の掌を触ってスッと手を下ろすのです。

このとき、相手は「ん？」とよくわからない状況になります。「握手した？」という感覚で手を空中で止めたままになるはずです。

この瞬間、深い変性意識状態で、あなたは自分がとても素晴らしい人間であることを強く思えばいいのです。そして改めて強く握手すれば、ほぼ１００％相手はあなたに好感を持つでしょう。これが第一歩です。

「そんなことで、本当に好感が持たれるのか？」と思うかもしれませんが、変性意識下で「自分はいい人だ。自分は素晴らしい」と思えば、かなりの可能性で相手も同様に感じるものなのです。例えば、赤ちゃんの満面の笑みを見て、一瞬で気持ちが穏やかになるのは、赤ちゃんの変性意識状態を刷り込まれたからです。私たちが思っている以上に、現実は一瞬でゆらぐのです。

そして、これを続けていくことの何よりの効果は本当に自分が「素晴らしく」なってしまうことです。深い変性意識は自己催眠状態でもありますから、そのときに自分はいい人だ、という暗示を入れれば、相手だけでなく、自分にも暗示がかかるのです。

実は、洗脳とはうまく使えば、自分をより良くする方法でもあるのです。

だからこそ、私はこういう技術があることを開示したのです。ただし、これは皆さんが、心から社会の役に立ちたいという利他の精神で生きていくことが前提であることは言うまでもありません。

第5章

仮想現実となる未来

世界のシステムが変わる

第3章、第4章で、洗脳のメカニズムと洗脳の実態、洗脳の技術を公開しました。この技術をしっかり身に付ければ、皆さんは誰からも洗脳されることもなく、いざとなれば逆洗脳も可能になります。

しかし、こんな危険な技術の存在をなぜ、公開したのかといえば、それはこれから世界が大きく変わるからです。

本書の最後は、今後、起こるであろう現代社会の変貌《へんぼう》を洗脳の観点から見ていきたいと思っています。

ところで、本書の前半で書いた加速する拝金主義によって未来はどんなふうに変わっていくのでしょうか。

ヒントになるのが仮想通貨です。

ビットコインで有名な仮想通貨ですが、これによってどんな未来が訪れるのかを多くの人はあまり理解していません。

実は仮想通貨によって、世の中の根本部分ががらりと変わります。しかも、ほとんどの人は変わったことに気づかず、昨日と同じような日々の中、「仮想通貨によってちょっと世の中が便利になったね」ぐらいの感覚で日常を過ごしていくでしょう。

しかし、それは表面的な話なのです。実は、日本、そして世界は、これまで信じていたシステムが変わってしまうのです。

その変わるシステムこそが、拝金主義の源となります。

仮想通貨はその象徴のひとつとなるのです。

多くの日本人が仮想通貨を理解していない

皆さんはビットコインに代表される仮想通貨に関してどのようなイメージを持っていますか。

たぶん、多くの人が「どこか胡散《うさん》臭いし、定着しないでしょ」あるいは「自分には関係ない」と思っているでしょう。

実際、ビットコインだ何だと騒いでいるのは、マスコミや一部の関連企業、投機家ぐらいのものです。

しかし、仮想通貨は多くの人が思っているよりもずっといまの経済に対するインパクトが大きいのです。

例えば、一昨年、中央銀行の中の中央銀行といわれる国際決済銀行（ＢＩＳ）が仮想通貨についての詳細なリポートを公開しました。そして昨年は英国の中央銀行、イングランド銀行も同じように仮想通貨についての膨大なリポートを出しています。驚くべきことに、その内容はまったく違うのです。ＢＩＳは仮想通貨に対して懐疑的であり、かたやイングランド銀行は積極的です。この見解の相違が何を意味するのか？

加えて、三菱東京ＵＦＪ銀行が仮想通貨ＭＵＦＪコインを今年の秋、発行することを決めました。三菱東京ＵＦＪ銀行といえば、資金量１７０兆円超の日本で最も資金力のある銀行です。その銀行が日本で真っ先に仮想通貨発行に乗り出したことにはどんな意味があるのかも考えておかなければいけません。

現時点ではまだほとんどの日本人は仮想通貨に無関心です。しかし、ＢＩＳやイングランド銀行、日本のメガバンクが大きな注目を寄せているということは大きなメリットがあるからです。もちろん、それは彼らにとってのメリットです。もしかしたら、私たちにとっては不利益になる可能性だってあるでしょう。

しかし、多くの人々はそこに無関心であり、マスコミにしても仮想通貨の記事を書く場合は「ビットコインの時価総額は１兆円！」などといったものばかりでまったく本質を捉えていません。

ですので、まずは仮想通貨の本質について説明していきましょう。

仮想通貨とは何か？

仮想通貨というとどうしても通貨をイメージしてしまいますが、仮想通貨の中身は単なる取引台帳（レッジャー）のデータです。

レッジャーとは「これをAさんからBさんに渡しました」という取引のことで、仮想通貨の中身は取引決済のデータが入っているだけです。ですから仮想通貨そのものには価値はないわけです。

価値があるのは、「これは間違いなく、100ビットコインだ」とみんなが認証しているところにあります。認証しているからこそ、交換手段としての信用が生まれるのです。

大切なのは認証のほうで、認証は公開鍵と秘密鍵を使ってブロック化し、チェーンニング、つまり、複数のサーバーがブロック化されたデータを持っていることで担保するのです。

たとえ、誰かがレッジャーのデータを改竄《かいざん》しても、ほかのすべてのサーバーに正しいレッジャーが入っているので、たったひとつを変えても何にもならないのです。レッジャーを分散共有しているから安全性が確保されているのです。

仮想通貨の安全性はデータブロックを次から次に数珠《じゅず》つなぎに持ち合うことで確立しており、これをブロックチェーンといいます。

ちなみに、ブロックチェーンがまるで最新のテクノロジーのように解説しているメディアが多いようですが、90年代には研究者の間で普通に使われていた技術です。名前をブロックチェーンとつけていなかっただけです。

当時、ジャストシステム入社前後に私が作った仮想通貨ベチユニットでもこの技術を使っています。ブロックチェーンのフリーウェアがインターネット上でたくさん落ちているのもそのためです。別にフリーウェアを使わなくても、仮想通貨に関する論文を読めば、大学院生でも作ることが可能なぐらい普及している技術です。

ですから、最近、フィンテック（ＩＴを使った金融システム）企業に注目が集まっていますが、彼らのやっていることはそれほど新しいことでも難しいことでもありません。フリーのブロックチェーンをインストールして、仮想通貨のウォレットをインプリメントしたぐらいでもスタートできてしまうのです。現在、フィンテックのベンチャー企業が雨後のたけのこのように出てきているのはこのためです。

ビットコインは仮想通貨の中でも特殊な通貨

仮想通貨を使うときは、秘密鍵を使って署名することでデータが書き換えられます。

例えば、AさんがBさんの商品を仮想通貨で買った場合はAさんが秘密鍵を使って署名し、売り主のBさんに仮想通貨を渡します。Bさんが使う場合はBさんが持つ秘密鍵で署名し、売り主のCさんに渡します。この取引を一定期間まとめたものが先ほどいったブロックで、それをデータ構造化しているからブロックチェーンなのです。

ちなみに、ビットコインの場合は、この書き換えを行えるのがたった一人で、データ書き換えのプライズとして新しいビットコインがもらえます。これがマイニングの仕組みです。ただし、マイニングには電気代とお金がとてもかかるので、いまや採算に合わないというのはすでに書きました。

また、ビットコインはこのマイニングがあるおかげで大きな問題にぶち当たっています。

そもそも、なぜマイニングが必要なのか、といえば安全性を確保するためですが、ビットコインには発行主体がありませんから、特定の管理者がいません。そのため参加者の誰かが管理者になるのですが、それを決める競争のルールがマイニングで、一言で言ってしまえば、ビットコインの管理のために最も電気代とＣＰＵパワーを使った者が管理権者となれるのです。ただし、管理者は書き換えのたびごとに変わるような仕組みになっていますから一度勝者になったからといって安心はできないのです。常に競争しているからこそ、公平性と安全性が確保できるのです。しかし、それは逆にビットコインの維持管理に莫大《ばくだい》な資金がかかってしまう理由でもあります。ただし、これはビットコインだけの問題であって、仮想通貨全体の問題ではありません。

ここをよく勘違いして報道しているメディアがありますが、電気代が異常にかかるのはビットコインの管理法の特徴であって、プロトコルそのものは普通の仮想通貨です。

マイニングは仮想通貨の管理に必要なものではなく、管理者を決めるための競争で、ＣＰＵパワーと電気代を使ったほうが勝てるので、前述したようにアイルランド１国分の消費電力を使ってしまうのです。このままの状況であれば、２０２０年には先進国１国分の電気代を使ってしまうとイングランド銀行のレポートでは指摘しています。

しかし、これはマイニングをやめてしまえば終わる問題です。実際ＪＰモルガンのインフラをベースにしたＭＵＦＧコインなどではサーバーそのものをセキュアにすることで安全性を確保しており、マイニングは行っていません。

仮想通貨には多くのメリットがある

例えば、管理費を自分が出すという企業が出てきたら、仮想通貨の管理は遥《はる》かに安価なものになります。それが日本では三菱東京UFJ銀行なのです。ただし、企業が1社で管理を行う場合、情報の機密性は確保できるのか（?）と心配になる人も多いでしょう。

しかし、それは杞憂《きゆう》です。レッジャーを維持するために必要なものは取引データと公開鍵と秘密鍵、署名ぐらいで書き込む文字列は大した量ではありません。電気代もCPUパワーも微々たるものなので、中央レッジャーを分散的に使ったり、リップルのようなプロトコルを使えば安価かつ機密性を維持しながら管理できてしまうのです。

それにしても、なぜ、銀行は仮想通貨を出したがるのでしょうか?

一体どんなメリットがあるのでしょうか?

まず、銀行の経営者たちにとっては大きなメリットが発生します。銀行経営を圧迫していた決済業務がほぼなくなるのです。

レッジャーは取引台帳であり、そのまま決済データですから、仮想通貨には決済業務が不必要になります。

これまでの銀行業務の9割は決済業務が占めていたのですが、仮想通貨になれば、決済の仕事がなくなり、銀行員の数も大幅に減らすことができるのです。

ですから、来年ぐらいから銀行員の大量リストラが始まる可能性が高くなってくるので注意が必要でしょう。

実際、電子決済化が進んでいる中国の銀行では昨年3万人以上がリストラされたと2017年正月のニュースで報道されていました。

一方、銀行の利用者には大きなメリットが生じます。仮想通貨は送金手数料などが事実上無料ですからさまざまな取引に積極的に使われることになるでしょう。

また、税の公平性も高まります。

仮想通貨の中身はレッジャーですから、中身を見れば誰から誰に通貨が渡ったのか、すべてわかってしまいます。タックスヘイブンを経由しようともカジノでマネーロンダリングしようとも、レッジャーを見ればたちどころにお金の履歴がわかってしまい、脱税を摘発できます。

ただし、それは自営業者にとっては悪いニュースかもしれません。

これまでの税制では自営業者は節税ができていました。しかし、仮想通貨になれば、レッジャーの履歴で取引の流れが一目瞭然《いちもくりょうぜん》となり、節税も難しくなるのです。その一方でサラリーマンには朗報です。税金は給料から天引きされるサラリーマンにとっては税の公平性が増すからです。これまでのように自営業だけが税の優遇が許されるという状況だけは解消されるでしょう。もちろん、そうなるには仮想通貨業者が正しく当局に情報を提供するという前提が必要ですが。

なぜ、日本は国が仮想通貨を発行しないのか？

意外かもしれませんが、国民にとっても国にとってもそれなりにメリットがあるのが仮想通貨だったのです。

ですから、本来ならば、仮想通貨は国が発行するべきだったのです。事実、中国はビットコインのレッジャーに当たる部分を国がホストすると発表しています。まだ公にはなっていませんが、ロシアも国をあげて独自のレッジャーを作る研究をしていると聞いていますから、遠からず、国産仮想通貨を発行してくるでしょう。

しかし、日本では三菱東京ＵＦＪ銀行ほか民間銀行が発行することになりました。

一体なぜでしょうか？

信頼できる筋によると、国がレッジャーを持つと銀行システムや企業間決済システムのＳＥ業務で大きな利益を上げているＮＴＴデータ、電通国際、日本ＩＢＭなどを含む大手ＳＩベンダーが潰《つぶ》れてしまうと、政府は思っているようなのです。少なくとも彼らが敵に回るだろうから作れないという理屈のようです。

非常に弱腰ですが、結果的には良いほうに転がる可能性もあります。

というのも、政府がレッジャーを持たないおかげで、円以外のお金が日本国内で発行されることになったからです。

これまでは日本銀行だけが通貨発行権を持っていましたが、今年から民間銀行も事実上、通貨を発行できるようになるのです。

民間銀行が通貨発行権を持ったインパクト

これまで私はお金に関する書籍を何冊も出してきました。通貨のからくり、通貨発行権のからくり、中央銀行のからくりを赤裸々にしてきました。

もしも、そういった書籍を読んでいれば、通貨発行権を民間銀行が持つことが非常に危険であると思うでしょう。

実際、ここ最近も、そういった質問を何度もされています。

そういった場合、私は「問題ないですよ。逆に大きなメリットがあります」と答えています。

どんなメリットがあるのか、といえば、経済学者で哲学者のフリードリヒ・ハイエクの言う自由通貨が実現する可能性があるのです。

ハイエクは『貨幣発行自由化論』（The denationalisation of money）の中で、中央銀行の存在を否定し、通貨発行の自由化を訴えています。

なぜなら、ひとつの国の中で通貨がひとつであると国は必ずインフレ政策を取るからです。インフレになれば、国民から借りた金が実質的に減る上、所得税のブラケットがワンランク上に上がりますから、その分、多く税金を徴収できるようになります。

要は、通貨がひとつであることは国だけが得をし、国民が苦しむことにつながるのです。

これを防ぐためには中央銀行以外にも通貨を発行する権利を認め、国内に複数の通貨が存在すれば、競争原理が働いて、通貨の価値の安定がはかれるというのがハイエクの主張です。通貨の価値の安定をはかるためにはひとつの通貨ではダメだと言っているのです。

現在、政府はＭＵＦＧコインを納税できる法貨とは認めていませんが、円と一対一で換金できる上、資金量世界一の三菱東京ＵＦＪ銀行が保証しているので、法貨と実質的には変わりません。しかも、豊富な資金量をバックに、日銀のように市場介入も可能です。ＭＵＦＧコインの価値が下がってきたら買い、上がってきたら売る、といったオペレーションが日本のメガバンクであればできるのです。

日銀のほかに三菱東京ＵＦＪ、三井住友、みずほといった銀行が通貨を発行すれば、ハイエクの主張した自由通貨が実現します。

すると日本はいまよりも相当住みやすい国に変わっていきます。

逆にいえば、いまの日本は相当住みにくい国なのです、私たちはそれを実感していませんが、実感できないのは日銀の行動を理解していないからです。

いまの日銀がしていること

いまの日本は私たちが思っているよりも理不尽なことがまかり通っています。その具体的例が本書の冒頭でも少し触れた日本銀行のＥＴＦ買いです。

現在、日銀はＥＴＦで株を買っています。ＥＴＦとはエクイティ・トラスト・ファンドの略で、株を信託で買うものです。日銀は東証の一部上場株をＥＴＦを通して買っています。日本経済新聞などはこれで日本の景気が上がると書いているのですが、本当にそうでしょうか？

例えば、日銀が三菱東京ＵＦＪ銀行の株を買ったとしましょう。それで三菱東京ＵＦＪ銀行の経営が良くなるかといえば、そんなことはまったくありません。なぜなら、買った株は三菱東京

ＵＦＪ銀行の第三者割当投資株ではないからです。これは株の基本中の基本で、企業が新たに株を発行することを第三者割当増資といい、この株を買ってもらうことによって企業は資本金を増額することができます。いわゆる株式公開、ＩＰＯが代表例です。

しかし、日銀がＥＴＦで買う株は第三者割当投資株ではなく、すでに発行されている株ですから、企業の増資とはまったく関係ありません。三菱東京ＵＦＪ銀行には1円も入らないのです。

では、どこに日銀が払った金が行くのかといえば、株を日銀に売る相手です。この売り手は外資系ファンドです。もちろん、株を買ったのですから株価は上がります。しかし、儲《もう》かるのは外資系ファンドばかりで、株を発行した企業ではありません。日銀が刷った円は全部海外に流れていってしまっているのです。

日銀はインフレターゲット2％を実現させるといって早や6年経ちますが、一向にインフレにならないのは、刷った円が海外に行ってしまっているからです。

日銀は外資系ファンドを儲けさせるために円を刷っていたのです。

日本にはマイナス金利がない!?

もうひとつ、日銀が行っていることを書きます。

日銀は昨年、マイナス金利を導入すると発表しました。市中に資金が還流しないのは銀行が貸し出しに消極的なためで、いつまでも貸し出さないのならば、日銀に預けている金にマイナス金利をかけるというものでした。

しかし、日銀のホームページを見てみると昨年の4月からマイナス金利適応残高ゼロなのです。マイナス金利の効果が出て、銀行が融資を増やしたのかと思って、預貸率を見るとマイナス金利導入前より上がっているのです。預貸率とは預金から貸付金を引いた金額ですから、貸付金残高は減っています。要は市中に資金は出ていないのです。

マイナス金利分の資金はどこに行ったのでしょうか?

実は、これにはさまざまなからくりがあって、まず、マイナス金利がかかるのは2015年末の当座預金残高を超えた分だけなのです。しかも、超えた分に関しては、民間銀行は市中で国債を買っています。

この市中にある国債ですが、マイナス金利によって価格が下がっており、正規価格より安く買えます。これを大量に日銀に持っていくと日銀は正規の値段で買ってくれるので、銀行はいま国債の転売で大きな利ざやを稼いでいるのです。その金額は毎月都銀だけで5、6兆円と計算できます。

しかもです。日銀は昨年の6月から月12兆円まで買いオペすることを決めましたから年間144兆円分、国債を市場価格よりも高く買うことが可能になりました。

日銀はマイナス金利をまるで民間銀行への懲罰のように発表し、メディアもそれを鵜呑《うの》みにして記事を書いていますが、実情はまったくその逆だったのです。毎月、数兆円の利益を民間銀行は上げていたのです。

つまり、日銀は外資ファンドと一部の大手銀行を儲けさせるために行動してきたのです。

これはまさに情報操作です。

拝金主義の時代、お金に関わる情報は相当注意してかからなければいけないのです。

物事はすべてケースバイケース

先ほど私は、仮想通貨は信用できると書きました。日本がいい国になるかもしれないとも書きました。

しかし、だからといってすべてを鵜呑みにして信用してはいけないのです。

「一体、どっちなんだ？　何を言ってるんだ？」と思った方は、情報操作ということをまだ理解していません。

一部分が信用できるからといって、あるいは信用できると誰かが言ったからといって、いきなりまるごと信じてはいけないのです。

物事はすべてケースバイケースで考えるものなのです。

民間銀行が行う仮想通貨の発行は銀行にとっても大きなメリットがあるのは事実です。しかし、それと銀行が信用できる、というのは別物です。

日本の銀行が信用できるか、といえば、私は即座に「場合による」と答えるでしょう。

どんな場合かといえば、自分が調べて納得できた場合です。

大切なのはここなのです。

多くの人は自ら調べることを怠り過ぎなのです。だから、情報操作されてしまうのです。

その決定的な証拠をひとつ紹介しましょう。

三菱東京ＵＦＪ銀行は日本の銀行なのか？

皆さんは三菱東京ＵＦＪ銀行のことをどう思っていますか？

いろいろなイメージがあると思いますが、日本の銀行である、という部分を疑いはしないでしょう。

しかし、私はこの銀行がどうしても日本の銀行とは思えないのです。

その理由は同行の親会社である三菱ＵＦＪフィナンシャル・グループの有価証券報告書に記載されています。

読者もためしに見てみるといいのですが、三菱ＵＦＪフィナンシャル・グループの有価証券報告書には大株主の状況として以下の企業名が並んでいます。

日本トラスティ・サービス信託銀行株式会社（信託口）	5・25％
日本マスタートラスト信託銀行株式会社	4・22％
STATE STREET BANK AND TRUST COMPANY	1・95％
日本トラスティ・サービス信託銀行株式会社（信託口9）	1・59％

THE BANK OF NEW YORK MELLON SA/NV 10　1・41％
日本生命保険相互会社　1・33％
THE BANK OF NEW YORK MELLON AS DEPOSITARY BANK FOR DR HOLDERS　1・32％
STATE STREET BANK WEST CLIENT - TREATY 505234　1・30％
日本マスタートラスト信託銀行株式会社（明治安田生命保険相互会社・退職給付信託口）　1・28％
日本トラスティ・サービス信託銀行株式会社（信託口1）　1・20％

となっており、別枠にはブラックロックグループの所有株主全体で5％保有していることがわかります。

さて、筆頭株主の日本トラスティ・サービス信託銀行株式会社ですが、主要株主は三井住友トラストで運用されている資金の主要な出元はロックフェラー家のファンドです。日本マスタートラスト信託銀行も同様にロックフェラー家のファンドです。

というのも日本マスタートラスト信託銀行の旧社名はチェース・マンハッタン信託銀行でデイ

ヴィッド・ロックフェラー系だからです。ただし、現在の主要株主は三菱ＵＦＪ信託銀行でロックフェラー系ファンドであることがわからなくなっています。

彼らがおのおの分けている信託口を合計すると日本トラスティ・サービスが８・04％、日本マスタートラストが５・５％で13％を超えています。

そのほか、アメリカのメロン財閥やニューヨーク銀行の名前もあり、ステートストリート・バンク・アンド・トラストカンパニーは香港上海銀行の持ち物です。これにブラックロックグループが５％を持っています。ブラックロックグループは小泉純一郎首相時代から自民党政権とつながりを持つファンドで、やはりロックフェラー系です。要は、ここに見えるだけで合計24・52％が外国人の所有なのです。

三菱ＵＦＪフィナンシャル・グループは誰がどう見ても外資系の会社なのです。

たぶん、多くの人が驚かれたと思いますが、日本の大企業のほとんどすべてがそうなっていると言っても過言ではありません。

よく韓国の大企業と銀行はすべてアメリカに買われているといわれますが、日本も似たり寄ったりの状況なのです。あえて違いを言えば、韓国は外資そのものであり、日本はまだ持ち株比率が低いので外資系といえるというところでしょうか。

今秋、仮想通貨を発行する三菱東京UFJ銀行の親会社のオーナーは外国人なのです。ということは、日本は通貨発行権を外国人に取られてしまったことになります。

もっとも、アメリカも同様で、前述したように、トランプ大統領は財務省長官や国務長官、国家経済会議の委員長にロックフェラー家ゆかりの人間ばかりを起用しています。アメリカは政府そのものがウォール街の傀儡《かいらい》であり、日本よりも厳しい状況下にあります。

ショックかもしれませんが、これが世界の現実であり、日本の現実なのです。

リアルな未来へ

さて、洗脳の話に戻りましょう。

あなたがこれまでずっと見てきたものが、実は幻であったことがこれでわかっていただけたことでしょう。

日本の大企業の多くはとっくに外資によって買われてしまっているのです。

しかも、このことはずっと公表されていました。

有価証券報告書を見れば、はっきり記載されているのです。

ところが、私たちは、それを見もしないで、大手マスコミが伝えるバイアスのかかった情報ばかりを信じていたのです。

日本人は全員、洗脳されていたのです。

情報操作されていたのです。

それは大きな驚きかもしれませんが、まがりなりにもいま目を覚ますことができました。

目を覚ましたら、やるべきことをやってほしいのです。

もちろんそれは現状を悲観することではありません。情報をしっかり自分で集め、分析することです。

昨年、強行採決されたカジノ法についてもぜひ「ジャンケット」という言葉とマネーロンダリングについて調べ、分析してみてください。拙著『カジノは日本を救うのか?』を参考にするのもいいと思います。そうすれば、2012年からの習近平政権による反腐敗キャンペーン以後、マカオのカジノが急速に衰微したこと、そのあおりを受けて日本のカジノ容認への強いプレッシャーが外資からあったことの理由が理解できるでしょう。

情報操作にやすやすと引っかからないためには自分が情報の使い手にならなければなりません。情報の使い手とは、広範囲な情報網と情報ルートを持ち、なおかつ冷静に情報に接しつつ、核心に迫る能力を持つことです。

核心に迫るために必要なのが本書で紹介した洗脳の知識と技術であり、これがないと大量の情報の前にひるんだり、飲み込まれてしまうだけです。

権力者は情報を使って、私たちを操作しようとします。そうならないためにも、脱大衆操作の技術、脱洗脳の技術は生きてくるのです。

そして最後にひとつ、たとえ真実を知ったとしても日常はこれまでと何も変わりません。いままでどおり、生活することは可能です。

しかし、それでいいのですか（?）と私は問うているのです。

焦って何かを変える必要もありませんが、しっかり目を凝らすことだけは忘れないでほしいのです。

といっても、洗脳社会から逃れることは現実には不可能です。

なぜなら、私たちが住む世界がそもそも情報空間だからです。しかも、その情報空間は自分以外の誰かによって作られたものです。このことは本書をしっかり読んでもらえばわかるでしょう。

何しろ、私たちは生まれたときから親と学校に洗脳されています。

このことは親と学校が作った情報世界の中で生きてきたことを意味します。

何を好み、何を嫌い、何を正しいと思い、何が間違っているのか。

取捨選択の分岐点で、その都度その都度親に導かれて20年から、たぶん、それ以上の年月を過ごしてきたわけです。

あなたがいま見ている世界はそうやって作られているのです。

もちろん、あなたの親もそうでした。親の親もそうでした。私たちはそうやって連綿と情報空間を構築していったのです。

世界はもともと洗脳社会なのです。

しかし、悲観する必要はありません。

いままでもそうだったように、これからも洗脳社会の中で暮らしていけばいいのです。

ただし、本書を読めば、暮らし方も自分好みに変えることはできます。

その方法を最後にお話しして本書を締めくくりましょう。

現実的な脱洗脳法

たとえ現実が洗脳社会であろうと、要は情報空間であることには変わりありません。

となれば、自分の力で情報を操作し、書き換えることはできるのです。

誰かに書き換えられる前に先に自分で自分の情報を書き換えてしまえば、洗脳社会に住んでいても洗脳されることはありません。

自分で自分を洗脳してしまえば、それは事実上、洗脳から逃れることができたといえるのです。

では、それはどうするのかといえば、ゴールの設定です。

そもそも、なぜ、他人に洗脳されてしまうのかといえば、自分を見失ってしまうからです。この場合の自分を具体的に言えば、自分がしたいこと、自分が好きなことです。これを見失ってしまえば、情報空間でもともと生きているのですから、すぐさま洗脳完了。あなたは権力者たちの言うことを、あたかも自分の発想のように感じて行動してしまうでしょう。

しかし、ゴールがあれば、どれだけ洗脳情報を目の前に並べられても関係ないのです。

自分のゴールに合致すれば、それは良い情報であり、合致しなければムダな情報。決して他人から洗脳されるなどということはありません。

脱洗脳社会は無理ですし、洗脳を止めることもできませんが、「だから、何?」と言って自分の好きなように生きることは可能なのです、ゴールさえあれば。

自分のゴールさえあれば、洗脳情報の中から必要な情報を選《え》り分け、活用することもできますし、実はこれこそが現実的な脱洗脳法なのです。

すべての洗脳を一瞬にしてキャンセルすることができる反洗脳法。

それがゴールを持つことなのです。

ゴールという言葉は私の著書の中では何度も出てくる言葉ですが、これほど強力な脱洗脳法はないのです。

ゴール。この言葉の意義をもう一度、考える時はいまなのです。

おわりに

昨年はパナマ文書に仮想通貨、トランプ新大統領の誕生と目まぐるしく、世界が変わりました。そんな状況下で、私たちの生活はどんなふうに変わってしまうのか、とても不安になっている人々が多いようです。

まず言えることはますます洗脳が社会に浸透していくことになる、ということです。

本書の中でも書きましたが、洗脳の基本は不安や恐怖を利用することから始まります。不安を煽《あお》るだけ煽って、対象者の思考を停止状態に追い込むことが洗脳法ですから、社会の不透明さが増せば、それだけ不安も増大し、洗脳しやすい環境が整うのです。

ただし、不安は私たち一般国民だけに襲いかかるものではありません。

いわゆる権力者たちにも襲いかかります。

その証拠に昨年末、自民党はＴＰＰ関連法案とカジノ法案を強行採決に持ち込みました。ドナルド・トランプ氏が大統領になるなどとは思っていなかった彼らは不安にかられ、議員数で勝るいまのうちに何としてでも重要法案を可決しなければ、と思ったのです。

これによって、彼らを支配している論理がどういうものであるかが浮き彫りになりました。お金の論理です。憲法改正でもそのほかの重要法案でもなく、まずはＴＰＰ関連法案を、そしてカジノ法案を真っ先に選んだのです。

ご存じのようにＴＰＰはすでにトランプ新大統領が批准しないと決めた貿易協定であり、いまさら日本で関連法案を可決することに何ひとつ意味はありません。あるとすればたったひとつ、予算を事実化する必要性で、ＴＰＰの補正予算は５４４９億円もあり、実際に使うためには何が何でも関連法案を通す必要がありました。

カジノ法もそうです。賭博《とばく》は経済学者のポール・サミュエルソンが言うように「付加価値創造なき貨幣の移転」であり、来場者から、カジノ経営者と政府に所得が移転するだけの非経済活動です。カジノを日本に作る理由はカジノ利権のため以外にはないのです。

また、ジャンケットのマネーロンダリングが最大の問題であるにもかかわらず、野党さえ国会で取り上げませんでした。

私たちは、そんな為政者たちの姿と名前を決して忘れないようにしていきましょう。

そして、投票活動に反映していけばいいのです。

新たな政治家を選出（あるいは自分自身が立候補してもいいです）し、国を変えていくのです。「何があってもこの国はもう変わらない。どうせ、くたびれ儲けの銭失いさ」などと決して思わないでください。

それこそがいまの権力者たちが仕掛けた洗脳です。

トランプ新大統領の誕生には日本人にとって不利益も多いのですが、体制を変えることはできるということを示したことは確かです。

トランプ氏はメディアが後押ししたクリントン勢力に勝利したのです。メディアという巨大な洗脳装置ですら、ほころぶときには一気にほころぶことを全世界に示したことは大きな収穫であり、希望でもあります。

ただし、トランプ大統領が作る新しい世界がどうなるかはまだわかりません。すでにウォール街の息のかかった人々が脇を固めていますから、拝金世界は今後も揺るがない可能性は大でしょう。

しかも、序章でも書いたとおり、トランプ新大統領の誕生の裏側には差別主義もあります。

アメリカは今後、白人優位の政策を打ち出してくるでしょう。プア・ホワイトのための税制改革は昨年末の時点で打ち出しており、基礎控除の額を３００万円にしようとしています。要は、年収300万円以下の人々は無税になるのです。貧困層としては大喜びでしょう。

しかし、アメリカ国家とすれば税収不足になるわけで、絶対にどこかにそのしわ寄せがきます。

私は税収不足のしわ寄せは日本に来ると思っています。日本はこれまで以上に、アメリカへの拠出金を増やしていくことになるでしょう。

となれば、日本人の生活はこれから苦しくなっていくことになります。

これまで以上にひどい所得格差が蔓延《まんえん》し、貧乏人たちはお金持ちになることを諦《あきら》めてしまうでしょう。

すると、そこで起きるのはアメリカのような差別社会の到来です。

日本もアメリカのような社会になってしまう可能性は十分にあるのです。

これを阻止したいと私は考えています。

そのための具体的な方法論は本書の中に書きました。

日本人一人ひとりが情報の取捨選択をし、目の前のお金に惑わされることなく、冷静な判断と行動ができるようになれば、これは回避できるはずです。

ともかく絶対に変わらないものなどないのです。

もしも、そう思ってしまっているのなら、それは自己洗脳です。

諦めるしかない、という権力者たちによって埋め込まれた自己洗脳をまずは断ち切り、波乱が予想される今年、本当の意味での波乱を、彼らが泡を食うような強烈な波乱を起こそうではありませんか！

認知科学者　**苫米地英人**

●著者略歴
苫米地英人（とまべち・ひでと）
1959年、東京都生まれ。認知科学者、計算機科学者、カーネギーメロン大学博士（Ph.D）、カーネギーメロン大学CyLabフェロー、ジョージメイソン大学C4I&サイバー研究所研究教授、公益社団法人日本ジャーナリスト協会代表理事、日本外交政策学会会長。マサチューセッツ大学コミュニケーション学部を経て上智大学外国語学部卒業後、三菱地所財務担当在籍のまま、イェール大学大学院計算機科学科並びに人工知能研究所にフルブライト留学。その後、コンピュータ科学の世界最高峰として知られるカーネギーメロン大学大学院に転入。哲学科計算言語学研究所並びに計算機科学部に所属。計算言語学で博士を取得。徳島大学助教授、ジャストシステム基礎研究所所長、通商産業省情報処理振興審議会専門委員などを歴任。近著に『超国家権力の正体』（ビジネス社）がある。

新装版　現代洗脳のカラクリ

2023年9月13日　　第1刷発行

著　者　苫米地　英人
発行者　唐津　隆
発行所　株式会社ビジネス社
〒162-0805　東京都新宿区矢来町114番地
神楽坂高橋ビル5階
電話 03(5227)1602　FAX 03(5227)1603
https://www.business-sha.co.jp

カバー印刷・本文印刷・製本／半七写真印刷工業株式会社
〈カバーデザイン〉大谷昌稔
〈本文DTP〉茂呂田剛（エムアンドケイ）
〈編集担当〉本間肇　〈営業担当〉山口健志

ISBN978-4-8284-2550-4

苫米地英人の本

武術に学ぶ 一瞬で自分を変える技術

Dr.苫米地流の自己変革術!
武術は人間をよりよく理解するための最高のツールだ!
無意識の世界は無意識に任せる!

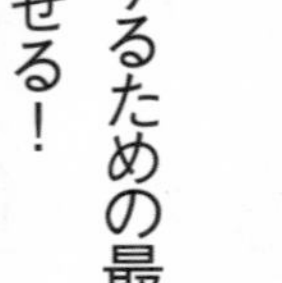

定価1,540円(税込)
ISBN978-4-8284-2084-4

夢を実現する数学的思考のすべて

【ビジネス】【お金】【人生】の問題に100%役立つ!!
数学嫌いの文科系の人間にも
人生で最高のツールが手に入る!

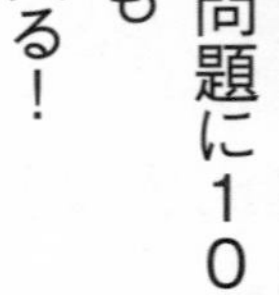

定価1,100円(税込)
ISBN978-4-8284-2049-3

明治維新という名の秘密結社

維新のまやかしはどうやって作られたのか?
いまも世界を動かす支配原理はどうなっているのか?
その権力構造の仕組みを明らかにする!

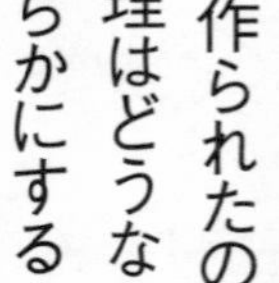

定価1,540円(税込)
ISBN978-4-8284-2023-3

ビジネス社の本

[新装版]

明治維新という名の洗脳
150年の呪縛はどう始まったのか?

苫米地英人……著

定価1012円(税込)
ISBN978-4-8284-1970-1

維新はすべてまやかしだった!

我々はいまだ、いかに支配されているか!?
明治より現代まで、永遠に覆せない権力構造はなぜか?
日本人を変えた戦後洗脳からさらにさかのぼり、
日本人洗脳の原点を衝く!

本書の内容